Urgence au rodéo

BIOGRAPHIE

L'auteur : Emily Costello vit à Boston, dans le Massachusetts. Journaliste de métier, elle a deux passions dans la vie : les sciences naturelles et écrire des histoires pour les enfants.

L'illustrateur : Christian Heinrich est né le 26 août 1956 à Sélestat, petite ville alsacienne. Il a suivi les cours de l'École des Arts décoratifs de Strasbourg, avec Claude Lapointe ; il y enseigne aujourd'hui. Il a illustré de nombreux ouvrages, chez Milan, Albin Jeunesse, Rageot, Hachette...

ILLUSTRATIONS INTÉRIEURES : Christian Heinrich

Titre original : *Rabbit Rescue*

Loi n°49 956 du 16 juillet 1949 sur les publications destinées à la jeunesse.
Dépôt légal : mai 2006
ISBN : 2 7470 1540 8

Imprimé en Allemagne par Clausen & Bosse

Jenifer apprentie vétérinaire

Urgence au rodéo

EMILY COSTELLO
TRADUIT DE L'AMÉRICAIN
PAR JULIEN CHÈVRE

BAYARD JEUNESSE

LES HÉROS DE CETTE HISTOIRE

Jenifer Sullivan a neuf ans. Elle rêve de devenir vétérinaire, comme sa tante Anya. Elle se rend donc régulièrement à la clinique pour l'aider.

Anya est la sœur jumelle de Norma. Elle est la seule vétérinaire de la petite ville de Gateway, dans le Montana.

Cora Sullivan, quatorze ans, est la sœur aînée de Jenifer. C'est une passionnée des chevaux. Avec sa sœur, elle a fondé l'association « Les enfants en faveur des loups ».

Jack et Norma Sullivan sont les parents de Jenifer et Cora. Norma, qui est biologiste, peut aider Anya lorsqu'il s'agit d'animaux sauvages.

Jack Sullivan
Norma Sullivan
Anya
Cora
llivan
Jenifer
Sullivan

I

Jenifer observait sa mère avec attention, pour être prête au cas où elle aurait besoin de son aide. En présence d'animaux sauvages, mieux vaut rester sur le qui-vive.

Norma marchait à reculons en traînant sur le sol un énorme morceau de viande de cerf. Elle pénétra ainsi dans un grand enclos, suivie de Mack, son coéquipier, qui tirait lui aussi une partie de la carcasse. L'animal avait été renversé sur la route pendant la nuit, et un garde forestier l'avait repéré dans la matinée.

Pour Jenifer, qui avait une véritable passion pour les animaux, la mort du cerf était une triste nouvelle. Mais, d'un autre côté, les loups étaient friands de chair fraîche…

L'enclos abritait huit louveteaux et leur maman, baptisée Juliette. À l'arrivée des trois visiteurs, les animaux s'étaient précipités dans le fond. Tout en eux trahissait la méfiance, de leur posture à l'expression de leurs yeux. Le message était clair : humain égale danger.

Norma et Mack déposèrent la viande par terre et se hâtèrent de sortir. Pour autant, les loups ne bougèrent pas d'un centimètre. Jenifer savait qu'ils attendraient d'être seuls pour s'approcher de la nourriture. Ensuite, Juliette engloutirait la viande pour la digérer, avant de régurgiter une pâtée riche en protéines pour faire manger ses petits.

Même si la fillette trouvait cela assez dégoûtant, les louveteaux avaient besoin de cette purée et du lait de leur maman pour grandir. Ils étaient encore tout petits et sans défense la première fois que Jenifer les avait vus, trois semaines auparavant. Et maintenant ils étaient déjà plus gros que Rufus, son chiot âgé de cinq mois.

En les regardant, Jenifer éprouvait un sentiment de fierté, car elle leur avait, d'une certaine façon, sauvé la vie.

Tout avait débuté un mois plus tôt, lorsque Roméo, le compagnon de Juliette, avait été abattu. Les responsables du parc ne jugeaient pas la louve capable de subvenir seule aux besoins de ses huit bébés. C'est pourquoi ils avaient décidé d'installer toute la petite famille dans l'enclos. Norma et Mack avaient pu capturer Juliette sans difficulté. Hélas, entre-temps celle-ci avait déplacé ses petits. C'était Jenifer et sa meilleure amie, Samantha, qui, à force de ténacité, avaient fini par les retrouver.

Jenifer se remémora Roméo avec tristesse. Elle revoyait son beau pelage gris foncé, son allure majestueuse et ses yeux brillants d'intelligence. Elle pensa à l'homme qui l'avait tué. Il s'appelait Lincoln Tyler et travaillait dans une scierie. Elle l'avait vu quelquefois à l'épicerie. Elle avait appris par sa mère qu'il risquait une amende de cent mille dollars, et peut-être même une peine d'un an de prison. Mais elle n'en éprouvait aucun soulagement, car cela ne pourrait ramener Roméo à la vie.

Norma et Mack refermèrent l'enclos. Jenifer les rejoignit, et tous trois repartirent vers la route. Ils avançaient lentement, accablés par la chaleur. Il faisait plus de 30°C, une température inhabituelle pour le Montana en juillet. Jenifer songea au week-end qui approchait. Pour célébrer la fête nationale du 4 juillet, la ville de Gateway organisait un grand rodéo. La fillette devait y tenir un rôle important, puisqu'elle allait assister sa tante Anya, la seule vétérinaire de la ville, pour les soins d'urgence.

Jenifer, qui rêvait de faire le même métier plus tard, passait beaucoup de temps auprès d'elle. Anya soignait le bétail des ranchers. Elle s'occupait des chiens, des chats, des chevaux, des chèvres, mais parfois aussi d'animaux sauvages, comme des ratons laveurs ou des faucons. Et elle avait été nommée vétérinaire officiel du rodéo. Jenifer était surexcitée à l'idée de la seconder dans cette tâche.

Arrivées au pick-up, Jenifer et sa mère dirent au revoir à Mack et se mirent en route.

– Quelle circulation ! soupira Norma, quelques minutes plus tard.

Elle venait de s'engager sur l'une des voies principales de Goldenrock. Des centaines de véhicules avançaient au ralenti, pare-chocs contre pare-chocs. Le parc national attirait toujours beaucoup de monde pendant les jours fériés, et le week-end du 4 juillet était sans aucun doute le plus chargé de l'année.

Jenifer, détendue, contemplait la vue magnifique à travers la vitre : un grand ciel bleu, sur lequel se détachait une chaîne de montagnes. Un peu plus près se trouvait une petite colline plantée de pins, avec, à son pied, un grand pré découvert. Une trentaine de bisons y broutaient paisiblement de hautes herbes brunes, sans se soucier le moins du monde des flots de touristes qui défilaient sur la route.

– Même de loin, ils sont vraiment impressionnants, murmura Jenifer pendant que Norma réglait l'autoradio.

À voir leur tête énorme et leur longue crinière, on devinait qu'ils appartenaient à une espèce ancienne, présente sur Terre depuis très longtemps. C'était en quelque sorte des vaches préhistoriques.

Soudain, Jenifer se redressa sur son siège :

– Maman, regarde ce bonhomme ! Qu'est-ce qu'il fabrique ?

Un homme obèse, probablement un touriste, traversait le pré d'un pas tranquille en direction des bisons. Vêtu d'un short et d'un T-shirt, une casquette sur la tête, il tenait d'une main la laisse d'un gros bouledogue, et de l'autre une caméra.

– Encore un qui cherche à prendre une bonne photo, maugréa Norma.

– Qu'est-ce qu'on fait ? demanda Jenifer.

– Les bisons ne sont pas spécialement dangereux, mais ils peuvent s'énerver si on les approche de trop près, expliqua Norma. On va aller dire à ce monsieur que ce n'est pas une bonne idée. À condition de sortir de ce bouchon. Allez, allez, avance ! lança-t-elle à l'intention du véhicule qui les précédait.

Elle était coincée derrière lui et ne pouvait ni prendre la file de gauche, ni se ranger sur la droite, où le bas-côté était trop étroit.

– Vas-y, maman, klaxonne, lui conseilla Jenifer en tournant la tête vers le champ. Le type est de plus en plus près du bison !

– Bon, d'accord, répondit Norma en donnant à contrecœur un petit coup de klaxon.

Elle avait horreur des sons violents, en particulier dans les parcs nationaux, où cela dérangeait les animaux.

Hélas, la voiture de devant ne bougea pas d'un pouce ; apparemment elle était bloquée, elle aussi.

– Laisse-moi sortir, proposa Jenifer. Je vais aller le prévenir.

– Non. Ces bisons pèsent près d'une tonne ! Chacun d'eux pourrait te projeter à l'autre bout du champ.

– Je resterai à distance, c'est promis.

Norma se pencha pour mieux voir le touriste. Il était à une centaine de mètres de la route et continuait d'avancer vers les animaux.

– Quel imbécile ! murmura-t-elle.

– Soit tu me laisses sortir, soit je prends le volant ! insista Jenifer.

– C'est bon, vas-y.

Jenifer détacha sa ceinture de sécurité et bondit hors du 4x4 climatisé. En deux pas, elle fut au bord du fossé, profond d'un peu moins d'un mètre. Avec un peu d'élan, elle n'aurait aucun mal à le franchir.

Elle commença à courir en longeant les voitures. Elle vit alors l'origine du ralentissement : une Buick bordeaux mal garée sur le bas-côté obligeait les autres véhicules à la contourner. C'était sans doute celle du touriste intrépide.

Jenifer parcourut encore quelques mètres avant de sauter par-dessus le fossé.

– Ouille ! marmonna-t-elle en retombant sur les genoux, les mains à plat sur le sol.

Elle se redressa et reprit sa course à travers les herbes hautes.

– Monsieur ! Hé, monsieur, attendez !

Le touriste ne semblait pas l'entendre. Il marchait sans se presser vers le groupe de bisons, son chien trottinant sagement à ses côtés.

– Monsieur, arrêtez-vous !

« Il ne m'entend pas », se dit-elle avec inquiétude.

Jenifer s'immobilisa et remarqua un bison légèrement à l'écart du troupeau, qui baissait la tête. Ce n'était pas bon signe...

– Attention ! hurla-t-elle.

L'animal avança d'un pas lourd vers le touriste. On aurait dit un train de marchandises qui prend peu à peu de la vitesse.

Pa... dam... Pa... dam...

L'animal accéléra et passa au trot.

Padam... Padam... Padam...

Le voilà qui galopait !

Padam. Padam. Padam.

Il devait peser presque autant qu'une grosse voiture. Jenifer avait lu dans son encyclopédie qu'un bison pouvait atteindre une vitesse de soixante kilomètres à l'heure. Celui-là n'allait pas aussi vite, mais une chose était sûre, c'est qu'il fonçait droit sur le touriste et son bouledogue !

Padam ! Padam ! Padam !

L'homme aperçut enfin le bison. Il stoppa net. Il s'apprêtait à faire demi-tour, mais il ne put échapper à l'animal, qui fondit sur lui, lui rentrant dans le ventre. L'homme fut projeté dans les airs comme une vulgaire poupée de chiffon à deux mètres de hauteur. Quant au pauvre bouledogue, il tournoya avec lui, étranglé par sa laisse, que son maître avait gardée serrée dans sa main potelée.

2

L'homme atterrit sur le derrière, et, lorsque sa tête alla heurter le sol, Jenifer laissa échapper un cri de terreur. Une seconde plus tard, le bouledogue retomba sur le flanc. Il se releva aussitôt et émit un aboiement perplexe en fixant son maître. Celui-ci gisait par terre, inerte. Au bout d'un moment il se redressa enfin. La fillette soupira, soulagée de voir qu'il n'avait pas perdu connaissance.

Le touriste remarqua alors le bison qui se tenait à moins de deux mètres de lui. Il sauta prestement sur ses pieds et se rua vers la route en tirant son chien par la laisse. Le bison les suivit sur quelques mètres, puis se désintéressa d'eux.

Jenifer se précipita vers le touriste :

– Hé, monsieur !

Celui-ci tourna un instant la tête vers elle et continua à courir. Mais, comme il n'allait pas bien vite, Jenifer n'eut guère de mal à le rattraper.

– Petite, lâcha l'homme, à bout de souffle, le visage cramoisi. Ne… reste pas… ici ! L'un de ces bisons… est fou ! Il m'a… attaqué !

Il trottinait encore en jetant des coups d'œil inquiets par-dessus son épaule.

– On est… toujours… trop près.

– Attendez ! lança Jenifer en lui agrippant le bras. Tout va bien maintenant. Regardez !

Elle pointa son doigt en direction du bison, qui avait rejoint le troupeau.

– Je… n'en reviens pas ! souffla l'homme en s'arrêtant. Je croyais… qu'il en avait vraiment… après moi.

– À mon avis, il cherchait juste à protéger les petits, lui répondit Jenifer. Comment vous sentez-vous, monsieur ?

Le touriste se frottait les fesses en souriant d'un air contrit. Il paraissait épuisé.

– Comme quelqu'un qui va avoir de vilains bleus demain.

– C'est bien possible, acquiesça Jenifer d'une voix enjouée.

– Eh bien, ça va me faire une sacrée histoire à raconter ! reprit-il en s'esclaffant. Tous mes amis sont déjà venus à Goldenrock, mais aucun d'entre eux ne s'est fait botter le train par un bison ! Oh, j'imagine la tête qu'ils vont faire quand je vais leur dire que…

Jenifer ne l'écoutait déjà plus, attirée par le bouledogue, auprès duquel elle s'agenouilla.

– Salut, toi ! Alors, comment tu t'app…

La fillette s'interrompit, surprise par le comportement de l'animal. Il ne réagissait pas à ses paroles, ne remuait pas la queue, comme le font généralement les chiens lorsqu'ils rencontrent une nouvelle personne. Il respirait avec difficulté et avait la gueule enflée. Tout cela ne lui disait rien de bon.

– Monsieur, votre chien a du mal à respirer. Il faut le conduire auprès d'un vétérinaire au plus vite !

– Un vétérinaire ? répéta le touriste d'une voix étrange où pointait l'étonnement.

Il scrutait la route un peu plus loin, et le peu d'intérêt qu'il semblait porter à l'état de son chien agaça Jenifer.

– Oui, répliqua-t-elle d'un ton ferme. Et tout de suite !

– D'accord, dit-il d'un air absent.

Et il s'écroula. Il tomba d'abord sur les fesses, puis s'étala de tout son long, en se cognant la tête contre le sol pour la seconde fois. Le bouledogue tressaillit et recula de quelques pas.

– Oh, mon Dieu, murmura Jenifer.

L'homme avait peut-être un traumatisme crânien ! Jenifer s'accroupit et lui secoua le bras :

– Hé, monsieur ! Réveillez-vous !

Aucune réaction. Jenifer regarda autour d'elle avec affolement et aperçut alors sa mère qui accourait.

– Qu'est-ce qui s'est passé ?

– Il s'est évanoui.

Norma saisit son téléphone portable, composa un numéro et cria dans le combiné :

– On a une urgence ! Envoyez une ambulance. Risque de commotion cérébrale. Nous sommes à environ deux kilomètres de l'entrée nord du parc. À gauche de la route si vous roulez vers le sud.

Elle s'assit à côté du touriste.

– Le bison lui est rentré dedans, expliqua Jenifer. Pourtant, il avait l'air d'aller bien. On était en train de parler, et tout à coup il s'est effondré.

– Chut ! dit Norma en prenant le pouls de l'homme, les yeux rivés sur sa montre.

– Oh, maman ! Le chien aussi va mal ! Il ne respire pas normalement. Et sa gueule est bizarre.

Norma hocha la tête.

– Chaque chose en son temps, déclara-t-elle sans se laisser distraire. Monsieur, vous m'entendez ? demanda-t-elle à l'homme en lui tapotant l'épaule.

Pas de réponse.

Jenifer considéra le bouledogue. Il semblait harassé et haletait comme s'il avait grimpé trois cents marches. Sa gueule avait encore gonflé…

– Chérie, viens m'aider, demanda Norma, on va tourner ce monsieur sur le côté.

– Mais, maman, c'est impossible. Il est bien trop gros !

– Écoute, s'il vomit, il risque de s'étouffer. Allez, viens, dépêche-toi !

Jenifer fit le tour du corps et vint se placer du même côté que sa mère.

– On y va à trois, lança cette dernière. Un, deux, trois !

Norma poussa l'épaule de l'homme tandis que sa fille appuyait sur la hanche. Jenifer eut l'impression d'enfoncer ses doigts dans de la pâte à gâteau.

Rien à faire, il ne bougeait pas. Il devait peser au moins cent dix kilos, peut-être même cent trente. Elles recommencèrent et, peu à peu, il bascula sur le côté.

– Bon travail, commenta Norma.

– Merci.

Jenifer entendit un bruit de sirènes au loin et fixa la route. Bientôt, la file de voitures s'ouvrit légèrement pour laisser passer l'ambulance. Deux secouristes en uniforme en sautèrent. Ils enjambèrent le fossé d'une foulée et se précipitèrent vers le blessé. L'un d'entre eux portait une longue queue de cheval noire. Il sortit une petite fiole de la poche de sa chemise, la déboucha et l'agita sous le nez du touriste inconscient.

– Ce sont des sels, précisa-t-il devant le regard interrogateur de Jenifer. Ils dégagent une odeur tellement forte qu'ils réveilleraient même la Belle au bois dormant ! ajouta-t-il en souriant.

Le blessé plissa les narines, ouvrit les yeux et tenta de se redresser.

– Où est Rocky ? demanda-t-il.

– Hé là, monsieur, pas si vite ! intervint le deuxième ambulancier.

Il paraissait plus âgé que son collègue, avec ses lunettes et ses cheveux gris clairsemés.

– Nous devons d'abord vous examiner, ajouta-t-il.

– Où est Rocky ? insista le touriste.

– Il est là, il va bien, répondit Jenifer, devinant qu'il s'agissait du chien.

En réalité, Rocky n'allait pas fort. Il était toujours très essoufflé, et ses yeux avaient l'air vides.

Les secouristes effectuèrent les contrôles d'usage : température, tension, examen oculaire.

– Vous avez une commotion cérébrale, conclut l'homme à la queue de cheval. Il va falloir aller à l'hôpital.

– Je peux emmener Rocky ?

– Désolé, monsieur, c'est impossible. Le règlement interdit la présence d'animaux dans l'ambulance.

– Oubliez le règlement, faites un petit écart ! S'il vous plaît…

– Cela ne servirait à rien, renchérit le second secouriste. Votre chien ne sera pas non plus accepté à l'hôpital.

– Mais je ne peux pas le laisser ! Si Rocky ne vient pas avec moi, je ne bouge pas d'ici, lâcha l'homme d'un air résolu.

– Écoutez, si vous voulez, nous allons appeler un de vos amis pour qu'il vienne le chercher.

– Je suis en déplacement professionnel. Mon ami le plus proche habite à huit cents kilomètres d'ici !

– Nous nous occuperons de Rocky, proposa alors Norma d'un ton apaisant. Ma sœur est le vétérinaire de la ville. Elle pourra garder votre chien, le temps que vous soyez remis.

– Vous êtes la sœur d'Anya ? demanda l'homme à la queue de cheval en souriant. Mais oui, maintenant que vous le dites, il y a comme un petit air de famille ! Anya est une femme fantastique. Et quelle vétérinaire ! C'est toujours elle qui fait ses piqûres à mon chien.

– C’est ma tante, indiqua Jenifer avec fierté.

– Rocky n’aime pas les chenils, s’entêta le touriste.

– Ah, mais ce n’est pas un chenil comme les autres, précisa la fillette. C’est nous qui promenons les chiens. On les emmène même au parc.

Le gros homme prit un air pensif. Il fit signe à Jenifer de s’approcher.

– Bon, j’accepte à une condition : tu ne laisseras personne d’autre que ta tante s’occuper de Rocky.

– C’est d’accord, dit Jenifer en haussant les épaules.

– Et pas de promenade au parc.

– Bien.

– C’est promis ?

– Oui, oui.

Jenifer trouva que cet homme se comportait bizarrement. Sans doute était-ce dû au choc qu’il avait subi. Sinon, pourquoi refuserait-il que son chien aille au parc ?

Les secouristes l’installèrent sur la civière

et se dirigèrent vers l'ambulance, titubant sous le poids important qu'ils avaient à porter.

Tandis qu'ils s'éloignaient, Norma s'interrogea :

– Comment vont-ils faire pour passer le fossé ?

Elle courut derrière eux pour les rattraper :

– Attendez, messieurs, je vais vous donner un coup de main. Le fossé est profond.

Jenifer se pencha pour ramasser la laisse de Rocky.

– Allez, viens mon grand, dit-elle au bouledogue. Toi aussi, tu vas aller chez le docteur.

Elle fit quelques pas en tirant doucement sur la laisse. Rocky ne bougea pas. Elle se retourna et vit alors qu'il avait la tête baissée. Il suffoquait.

3

Jenifer ne savait pas quoi faire. Peut-être le bouledogue allait-il avancer si elle tirait un peu plus sur sa laisse ? Mais, vu ses difficultés à respirer, cela ne paraissait pas une bonne idée.

Il y avait une autre solution… Jenifer s'agenouilla près de Rocky pour le soulever. Elle dut mobiliser toutes ses forces pour se redresser, car le chien était très lourd. Elle lut la peur dans ses yeux et comprit qu'il n'y avait pas une minute à perdre. Elle se mit tant bien que mal à marcher vers la route.

Elle était presque arrivée au fossé quand Norma la rejoignit.

– Qu'est-ce que tu fais, ma chérie ? Ce chien doit peser plus de vingt kilos !

– Il ne peut pas marcher, et il étouffe ! expliqua Jenifer.

– Il n'est pas en forme, commenta Norma en prenant Rocky des bras de sa fille. Allez, on file. Direction : la clinique !

Le trajet jusqu'en ville se déroula pour Jenifer dans une sorte de brouillard. Elle était assise sur la banquette arrière, le bouledogue sur ses genoux, concentrant toute son attention sur lui. Elle entendit à peine le coup de fil que Norma passa à sa sœur pour la prévenir.

Lorsqu'elles arrivèrent à la clinique, Anya les attendait sur le trottoir. Elle ouvrit la portière et considéra le chien.

– Il respire très faiblement, lui dit Jenifer.

– Est-ce que son état a empiré ?

– Oui.

Anya secoua la tête d'un air inquiet :

– J'ai peur qu'il ait une déchirure de la trachée.

– Comment a-t-il pu se faire ça ? demanda Jenifer.

La vétérinaire glissa ses bras sous le chien.

– Il porte un collier étrangleur, fit-elle remarquer. Que s'est-il passé quand son maître a été projeté dans les airs ?

– Il a été brusquement arraché du sol, lui aussi.

– Voilà qui pourrait avoir causé la déchirure…

Anya gravit les marches de la clinique à la hâte.

Jenifer se retourna vers sa mère :

– Tu viens ?

– Impossible, répondit Norma en consultant sa montre. Je devrais déjà être avec Cora depuis dix minutes. J'ai promis de lui acheter un chapeau pour demain. On se verra à la maison.

– D'accord ! lança Jenifer en sautant hors du 4x4.

Dans le hall de la clinique, elle fut accueillie par Baxter, le basset-hound d'Anya, qui venait à sa rencontre. Il lui jeta un regard qui semblait vouloir dire : « Mais qu'est-ce qui se passe encore ici ? »

– Ne t'inquiète pas, tout va bien, le rassura Jenifer avant de se précipiter dans la salle d'opération.

Anya avait retiré le collier de Rocky et était en train d'examiner sa gorge. Le pauvre était assis sur la table en inox et paraissait très mal en point. Il respirait difficilement, luttant pour chaque bouffée d'air. Il était néanmoins un peu plus serein, et la lueur de panique qui brillait plus tôt dans ses yeux avait disparu. Il bâilla mollement ; Jenifer en déduisit qu'Anya lui avait donné un sédatif.

– C'est bien ce que je pensais, commença la vétérinaire.

– Quoi donc ?

– Ce chien…

– Rocky, l'interrompit sa nièce.

– Oui, Rocky a bien une déchirure de la trachée.

– Est-ce qu'il va mourir?

– Non, ne t'inquiète pas, répondit Anya. On va le surveiller pendant une heure. S'il n'est pas mieux d'ici là, j'interviendrai.

Au bout d'une heure, Rocky ne montrant aucun signe d'amélioration, Anya se résolut à l'opérer. Quant à Jenifer, elle éprouvait un désir mêlé de crainte à l'idée d'assister à l'intervention. C'était toujours la même chose: avant une opération, elle était très anxieuse. La perspective de voir l'intérieur du corps d'un animal, de découvrir ce qui se cachait sous la peau et les muscles, lui donnait la nausée. En même temps, tout cela était tellement fascinant que, dès que l'opération débutait, Jenifer oubliait sa nervosité et se laissait captiver par les gestes de sa tante.

– Tu veux bien m'aider à nouer les sangles? demanda Anya.

– Tout de suite.

Rocky était désormais profondément endormi. Jenifer et Anya le couchèrent sur le dos et l'attachèrent sur la table. Anya lui tourna la tête de façon que son cou soit bien accessible. Elle rasa et désinfecta la zone où elle comptait pratiquer l'incision. Jenifer sentit la peur la quitter. De plus, elle se sentait responsable de Rocky, maintenant que son maître était à l'hôpital.

D'un geste sûr, Anya découpa la peau et le muscle qui recouvraient la trachée de Rocky. C'était un tube similaire à une paille, renforcé par de petits anneaux régulièrement espacés qui ressemblaient à du cartilage.

– J'ai repéré la déchirure, déclara Anya. C'est juste ici, dans sa gorge. Tant mieux, ça m'aurait ennuyée de devoir aussi lui ouvrir le thorax. Tiens, tu veux voir ?

– Bien sûr.

À l'aide d'un instrument, Anya désigna à Jenifer une ouverture d'un centimètre dans la trachée de Rocky. La petite fille la regarda, étonnée : difficile d'imaginer qu'une déchirure aussi minime puisse provoquer autant de problèmes.

– Bon, les tissus n'ont pas l'air abîmés, commenta Anya. Quelques coups d'aiguille, et on n'en parlera plus.

La vétérinaire sutura les bords de la déchirure avec du fil chirurgical, sous l'œil attentif de sa nièce. Elle recousit ensuite le muscle et la peau avant de panser l'incision.

– Ce n'était pas si grave, en définitive, lâcha Jenifer.

Anya lui adressa un grand sourire :

– Non, tu vois. On va quand même le garder en observation pendant quelques jours.

Jenifer et Anya finissaient d'installer Rocky dans la salle des pensionnaires quand on frappa à la porte.

– J'y vais, s'écria Jenifer en bondissant dans le hall.

Elle était déjà prête pour une autre urgence. C'est pourquoi elle fut surprise, en ouvrant la porte, de trouver ses amies Marisa Capra et Samantha Russell sur le seuil. Samantha affichait une mine réjouie, tandis que Marisa se tenait un peu en retrait, l'air mal à l'aise.

– Qu'est-ce que vous faites là ? demanda Jenifer.

– On vient pour la réunion, tu sais bien !

Il fallut quelques secondes à Jenifer pour comprendre de quoi il était question. « Ah oui, c'est vrai ! pensa-t-elle. La réunion pour le rodéo ! Elles sont en avance, il me semble qu'on s'était donné rendez-vous à cinq heures… »

– Quelle heure est-il ?

– Cinq heures passées. Nous sommes un peu en retard, désolées.

Jenifer sourit intérieurement en réalisant que l'intervention avait duré plus longtemps qu'elle ne l'avait cru. En réalité, Rocky avait passé une heure et demie en salle d'opération !

– Asseyez-vous, je vais chercher ma tante.

Au même instant, Anya entra dans la salle d'attente, une grosse boîte dans les bras :

– Salut, les filles ! Merci encore de m'apporter votre aide pour ce week-end.

– De rien, répondit Samantha. Qu'y a-t-il dans ce paquet ? ajouta-t-elle avec curiosité.

– Des trucs sympa !

Anya posa le carton par terre et commença à le défaire. Samantha et Anya étaient très excitées. Il faut dire que le rodéo de Gateway était l'événement phare de l'été dans la région. Pourtant Marisa, elle, arborait toujours une mine maussade. Jenifer allait lui demander ce qu'elle avait lorsque sa tante prit la parole.

– Attention les yeux ! fit-elle avec enthousiasme en tirant du paquet un T-shirt rouge vif.

L'inscription « SERVICES VÉTÉRINAIRES GOODWIN » apparaissait en grosses lettres blanches sur le devant. Goodwin était le nom de famille d'Anya.

– Cool ! s'exclama Samantha.

– Il y en a un pour chacune de vous, précisa Anya avec fierté.

Elle sortit les autres T-shirts et les lança aux filles. Jenifer enfila le sien aussitôt.

– Et voici le meilleur pour la fin ! annonça Anya en se replongeant dans le carton. Des talkies-walkies ! Avec ça, nous serons toujours en contact pendant le rodéo.

Elle distribua les appareils. Un pour Jenifer. Un pour Samantha. Mais, lorsqu'elle tendit le sien à Marisa, celle-ci refusa de le prendre.

– Qu'est-ce qui ne va pas ? l'interrogea Anya.

– J'ai quelque chose à vous dire, murmura Marisa. Voilà, je... je ne serai pas avec vous ce week-end.

– Pourquoi ?

Marisa jeta à la vétérinaire un regard plein de colère :

– Parce que je sais ce qui arrive pendant les rodéos.

– De quoi parles-tu ? reprit Anya d'un ton prudent.

– On y maltraite les animaux. Les taureaux sont torturés, on leur casse les côtes, et les cow-boys mettent du fil barbelé...

– Qui t'a raconté ça ? la coupa Samantha en levant les yeux au ciel.

– Ma mère.

– J'aurais dû m'en douter.

– Qu'est-ce que ça veut dire? s'indigna Marisa, les joues en feu.

– Laisse-moi quand même te poser une question, poursuivit Samantha. Ta mère a-t-elle déjà vu un rodéo?

– Non, puisqu'elle les boycotte.

– Alors, comment peut-elle savoir qu'on y maltraite les animaux?

– Elle l'a lu.

– Ah oui? Et où ça?

– Sur Internet.

– Super! se moqua Samantha. Et tu ne crois pas qu'elle ferait mieux de se renseigner auprès de gens qui connaissent le rodéo? Ou d'aller voir elle-même ce qui s'y passe exactement?

– Les filles, ça suffit! trancha Anya en se levant.

Jenifer se retourna et remarqua un jeune homme dans l'embrasure de la porte. Il était mince et portait un pantalon large qui lui tombait sur les hanches. De fines mèches blondes lui couvraient le front.

– Travis ? demanda Anya en souriant.

Le jeune homme acquiesça et lui rendit son sourire. Anya s'approcha de lui :

– Les filles, je vous présente Travis. Il est étudiant à Montana State et il va me prêter main-forte à la clinique pendant les week-ends.

– Salut ! fit Jenifer.

Marisa et Samantha avaient déjà repris leur discussion.

– Elle ne va pas aux rodéos pour ne pas donner d'argent aux gens qui brutalisent les animaux.

– Ou peut-être qu'elle a simplement peur de découvrir qu'elle a tort, rétorqua Samantha.

– Je dois faire visiter les lieux à Travis, intervint Anya. Samantha, je viendrai te chercher demain à sept heures et demie. Quant à toi, Marisa, tiens-moi au courant de ce que tu auras décidé.

Jenifer suivit des yeux sa tante, qui conduisait le jeune homme dans son bureau. Elle était un peu décontenancée : pourquoi Anya avait-elle besoin de quelqu'un d'autre qu'elle pour l'aider ?

– Jenifer, dis-lui, toi ! insista Samantha.

– Écoute, Marisa, j'ai déjà assisté à un tas de rodéos, expliqua Jenifer. Je n'y ai jamais vu personne malmener les animaux. Crois-tu qu'Anya laisserait faire une chose pareille ?

– Je pense que les rodéos sont une mauvaise chose, s'entêta Marisa. Alors je boycotte celui de ce week-end. Et je pense que vous devriez en faire autant.

– Moi, j'y vais, déclara Jenifer. Je l'ai promis à ma tante.

Elle fut elle-même un peu surprise de se ranger du côté de Samantha. En général, pour tout ce qui concernait les animaux, elle était plutôt d'accord avec Marisa.

– Tu as raison, la félicita Samantha.

Marisa haussa les épaules et se leva :

– Il faut que j'y aille. Ma mère m'attend pour préparer le dîner.

Sa famille tenait un *bed-and-breakfast*, et Marisa donnait quelquefois un coup de main pour la cuisine ou le ménage.

Samantha resta un peu après le départ de Marisa.

– On devrait chercher quelqu'un pour la remplacer, suggéra-t-elle à Jenifer.

– Pourquoi pas Amanda ?

– Non, elle est en vacances en France.

– Ah… Alors, Jared ?

– Oui, bonne idée !

Jenifer appela aussitôt son ami, qui accepta de les aider sans la moindre hésitation.

4

Le matin suivant, Jenifer se leva à six heures et demie. Elle descendit les escaliers à pas de loup… et trouva toute sa famille dans la cuisine ! Sa sœur aînée, Cora, fouillait dans un meuble de rangement. Jack, son père, était aux fourneaux. Quant à Norma, elle était assise à table devant une tasse de café fumant, dans laquelle elle mettait des glaçons. Car, même à une heure aussi matinale, la température était déjà élevée.

– Bonjour ! dit Jenifer.

– Combien de pancakes pour toi ? demanda Jack.

– Je ne sais pas. Disons, trois.

La fillette prit Rufus, son chiot, sur les genoux. Il lui lécha le nez en remuant la queue.

– Maman, tu as vu le cirage violet ? lança Cora.

– Ah, parce qu'ils en font de cette couleur ? répondit Norma en bâillant.

– Mais oui, j'en avais pour mes bottes !

– Alors, il doit être dans le meuble de l'entrée.

– Cora, viens t'asseoir, appela Jack. Les pancakes sont prêts.

– Je crois que je ne pourrai rien avaler, déclara Cora. J'ai les nerfs en pelote.

– Essaie.

Jenifer but une gorgée de jus d'orange, puis beurra ses pancakes, avant d'y ajouter du sirop d'érable. Cora, elle, ne bougeait pas et regardait fixement la nourriture.

– Désolée, papa, je ne peux pas.

– Ce n'est pas grave.

Jenifer sourit à sa sœur. Elle savait combien ce jour était important pour elle. La course de barils[1] était prévue pour l'après-midi. Et Cora avait passé des semaines à s'entraîner en vue de cette épreuve.

– Tu crois que Cannelle est nerveuse ? lui demanda Jenifer.

– J'espère que non. Et, si elle sent combien je le suis, alors on n'a aucune chance…

Cannelle était une jument âgée de six ans, de la race quarter horse. Elle appartenait à Jake Romulo, le propriétaire des Écuries Jake. Cora y travaillait en tant que guide pour les randonnées équestres à Goldenrock. Elle participait aussi à l'entretien des lieux, nettoyait les boxes et changeait les litières.

Jake était un homme généreux, et il laissait Cora monter Cannelle chaque fois

1. Course chronométrée, au cours de laquelle le cavalier doit effectuer un slalom autour de trois barils disposés en triangle *(NdT)*.

qu'elle le désirait. La jument n'était pas un cheval de randonnée. Elle était entraînée spécifiquement pour la course de barils : endurante, rapide, elle n'avait pas peur dans les virages. Mais elle avait encore des choses à apprendre, par exemple à mieux gérer le stress en compétition.

– Qu'est-ce que je suis angoissée ! lâcha Cora. Je me doute pourtant bien que je ne vais pas gagner.

– Bah, on ne sait jamais, l'encouragea Jack.

– Si, papa, là, je sais. Je te rappelle que Tara Tyler Smith concourt aussi. Son meilleur temps lui donne deux secondes d'avance sur moi.

Jenifer avait lu un article sur Tara Tyler Smith dans un magazine. Championne nationale junior de course de barils, c'était une vraie cow-girl. Elle avait grandi dans un ranch au Texas. Quand elle avait dix ans, son père lui avait confié un petit troupeau de bétail. On racontait même qu'elle montait des chevaux sauvages.

– Peut-être as-tu peur de te retrouver devant tous ces spectateurs ? suggéra Norma.

La course de barils était l'une des épreuves les plus populaires du rodéo, et elle attirait généralement près de cinq cents personnes.

– Non, je n'ai pas tellement le trac, lui assura Cora. En fait, je crois que je ne suis pas nerveuse, je suis simplement excitée ! J'ai tellement hâte de voir Calamity Jane !

– À mon avis, ça va être difficile : elle est morte depuis plus d'un siècle ! plaisanta Jack.

– Mais non, je parle de la jument de Tara. Elle l'a baptisée Calamity Jane.

– Ah, je vois qu'elle connaît l'histoire du rodéo. C'est une bonne chose, constata Jack.

– N'oublie quand même pas que c'est moi que tu es censé soutenir ! lui rappela Cora.

– Je serai avec toi, promit son père.

– Moi aussi, dit Jenifer. À quelle heure a lieu la course ?

– À quinze heures pile. Bon, il faut que je file aux écuries.

Anya passa prendre Jenifer un peu plus tard. Elles sortirent de la ville pour aller chercher Samantha, puis revinrent à Gateway prendre Jared. Jenifer, qui n'avait jamais été chez lui, regarda autour d'elle avec curiosité quand la voiture s'engagea dans l'allée conduisant à la maison des Frye.

– La pelouse n'est pas très nette, remarqua Samantha.

– L'allée non plus, ajouta Anya.

Le jardin paraissait effectivement assez négligé. Il n'y avait aucun parterre de fleurs et pas non plus de haie taillée. Rien que de l'herbe, qui avait besoin d'un bon coup de tondeuse. Quant à l'allée, elle était sillonnée de profondes ornières qui faisaient tanguer le pick-up d'Anya.

Jared, qui attendait sur la véranda, vint à leur rencontre.

– Merci de m'avoir invité, dit-il d'une voix timide, une fois à bord.

– Merci à toi de nous aider, répondit Anya en manœuvrant pour faire demi-tour.

– Qu'est-ce que tu as fait depuis le début des vacances, Jared ? demanda Samantha.

– J'ai lu.

Il y eut un silence, puis Jenifer tendit à Jared son T-shirt marqué « SERVICES VÉTÉRINAIRES GOODWIN ». Il le prit en souriant et s'informa :

– Alors, où se déroule le rodéo ?

Samantha le dévisagea d'un air abasourdi :

– Tu ne sais pas où a lieu le rodéo ? Mais tu vis sur quelle planète ?

– Je t'ai dit que j'avais passé mon temps à lire.

– Tu aurais peut-être dû lire le journal, alors !

– C'est sur le champ de foire, indiqua Jenifer.

– Et où se trouve le champ de..., commença Jared.

– En plein milieu de la ville ! s'emporta Samantha. À deux cents mètres de la mairie ! À cinq minutes de chez toi ! Tu n'as pas vu qu'ils ont monté la grande roue?

– Euh... non.

– Ne me dis pas que tu n'as jamais assisté à un rodéo?

– Pourquoi, cela pose un problème? répondit Jared en haussant les épaules.

– Bien sûr que non, le rassura Jenifer.

– Mais, enfin, d'où viens-tu? reprit Samantha, visiblement agacée.

– De l'Ohio.

– Ça n'a pas l'air d'être un État très intéressant, commenta-t-elle.

– Surtout si on ne s'intéresse qu'au rodéo, rétorqua Jared pour lui clouer le bec.

Il était à peine plus de huit heures quand ils arrivèrent au champ de foire, mais il y avait déjà beaucoup de voitures dans le parking. De petits groupes de gens se dirigeaient vers l'entrée principale, décorée de ballons et d'une banderole qui disait: «BIENVENUE AU RODÉO ANNUEL DE GATEWAY!» Quelques personnes sortaient des chevaux des vans. Jenifer chercha en vain Cora du regard. Anya se gara sur un emplacement réservé au personnel, et tout le monde descendit du pick-up. Jared enfila son T-shirt, puis Anya montra à ses trois jeunes assistants comment se servir des talkies-walkies.

– Je vous rappelle qu'on va diffuser une annonce dans les haut-parleurs, pour prévenir les gens de s'adresser aux jeunes portant un T-shirt rouge en cas d'urgence vétérinaire. Si quelqu'un vient vous voir, contactez-moi aussitôt.

Samantha et Jenifer acquiescèrent.

– Mmmh, c'est quoi, cette odeur? demanda Jared.

La vétérinaire les conduisit à l'entrée du personnel, où un homme leur fit signe de passer. Ils débouchèrent à l'une des extrémités de la foire. Des alignements de baraques s'étiraient à perte de vue. La plupart étaient juste en train d'ouvrir. Des stands de jeux, de tir, de lancer, de cartomancie; des stands de nourriture, proposant barbe à papa, pommes d'amour, saucisses, hot-dogs. Il y en avait pour tous les goûts.

Anya jeta un coup d'œil sur sa montre :

– Je suis en retard pour le contrôle des bêtes. J'y vais !

– Qu'est-ce qu'on est censés faire ? voulut savoir Jared.

– Vous amuser ! Et m'appeler en cas de besoin.

Anya leur sourit et s'éloigna en direction de l'écurie principale.

Jenifer se tourna vers ses amis :

– Alors, on commence par quoi ?

– Par manger ce truc qui sent si bon, répondit Jared en inspirant une grande bouffée d'air.

– Ce sont des gaufres, précisa Samantha, qui se détendit enfin. Allons-y ! En général, le stand est installé près des stalles de chevaux, à l'autre bout de la foire.

– Des gaufres ? répéta Jared avec étonnement.

– Oui, mais pas comme celles qu'on mange au petit déjeuner, lui expliqua Jenifer. Celles-ci sont des gaufres spéciales, que l'on ne trouve qu'ici. Elles sont plus épaisses, plus croustillantes, et recouvertes de…

– Qu'est-ce qu'il y a là-bas ? l'interrompit Samantha.

Jenifer se tourna vers l'allée. Les gens se comportaient bizarrement, mais elle n'arrivait pas à comprendre pourquoi. Une fillette vêtue d'une robe rose criait en agrippant son père par le bras. Un bébé se mit à pleurer bruyamment, tandis qu'une femme aux longs cheveux blonds montrait quelque chose du doigt.

Intriguée, Jenifer se dressa sur la pointe des pieds, pour essayer de voir ce qui se passait. Elle aperçut un chien de berger qui trottinait vers eux. C'était un gros chien au pelage clair, qui semblait tout sauf méchant. « Qu'est-ce qui cloche, alors ? » s'interrogea-t-elle.

– Là, regarde ! s'exclama Samantha.

Jenifer leva les yeux et découvrit une scène des plus inattendues. Un petit singe déguisé en cow-boy poussait de grands cris stridents et sautait de baraque en baraque, en rebondissant sur les auvents rayés rouge et blanc.

Il se dirigea vers la foule et atterrit sur l'épaule d'un homme, d'où il s'élança sur la tête d'une dame. Celle-ci fit de grands gestes frénétiques :

– Norman, au secours ! Enlève-moi ça !

Un homme s'approcha d'elle pour tenter d'attraper le singe. Mais l'animal, plus vif, sauta de l'autre côté de l'allée.

– Ouuuhhh-ha-ha-ha !

Jenifer comprit alors pourquoi la foule se dispersait : personne ne voulait servir de tremplin à ce petit singe incontrôlable.

– Voilà ce que j'appelle une urgence vétérinaire ! déclara Jared d'un ton enjoué.

Pendant ce temps, le chien de berger continuait d'avancer vers eux. Jenifer remarqua qu'il portait un collier rose. Elle fit quelques pas vers lui, jusqu'au milieu de l'allée, que les gens avaient déserté pour se réfugier sur les bords. Comme il arrivait devant elle, Jenifer leva une main et ordonna :

– Assis !

Elle avait prononcé ce mot avec fermeté, exactement comme Zack, l'instructeur du cours de dressage de Rufus, le lui avait appris. Mais elle ne s'attendait pas à ce que cela marche, car, chaque fois qu'elle essayait avec Rufus, il se contentait de remuer la queue et lui lécher la main.

Pourtant, le chien de berger s'arrêta aussitôt devant Jenifer et posa sagement son arrière-train sur le sol.

– Waow, je n'en reviens pas ! souffla Jenifer.

Soudain, il se passa quelque chose d'incroyable. Le singe sauta depuis un auvent voisin, atterrit sur le dos du chien et s'assit sur lui à califourchon, comme sur un cheval. Un murmure de surprise parcourut la foule. Jenifer considérait la scène avec perplexité.

Les deux animaux la fixaient aussi, on aurait dit qu'ils attendaient un nouvel ordre.

5

Samantha s'approcha doucement et saisit le collier du singe, pendant que Jenifer attrapait celui du chien.

– Riquiqui ! Riquiqui ! cria une voix au bout de l'allée. Est-ce que quelqu'un a vu mon singe ?

Jenifer aperçut un homme dans un drôle d'accoutrement. Il portait une chemise à pois bleus et roses, une salopette en jean beaucoup trop grande pour lui, des chaussures de sport jaunes et un chapeau de cow-boy rouge vif. Autour de ses yeux, il avait peint deux cercles noirs.

La foule s'écarta pour laisser passer le clown. Celui-ci se hâta vers les deux fillettes et accrocha des laisses aux colliers de ses animaux.

– Riquiqui, serais-tu en train d'embêter ces demoiselles ?

Le singe baissa la tête.

– Eh bien, tu devrais avoir honte !

Le clown prit la main de Jenifer et l'embrassa, avant de faire de même avec Samantha.

– Je me présente, je m'appelle Rougeole, déclara-t-il. Je vous remercie d'avoir attrapé mes petits vadrouilleurs. Riquiqui a réussi à s'échapper, puis il a détaché Dada, et la course était lancée !

– Ça vous est déjà arrivé ? se renseigna Jared.

– Plus de fois que je ne peux le compter. Il est vrai que je ne sais compter que jusqu'à dix, ajouta-t-il en faisant un clin d'œil. Je ne sais pas comment j'aurais fait sans vous. Merci !

– De rien, répondit Jenifer. Nous sommes là pour ça, expliqua-t-elle en désignant le message imprimé sur son T-shirt.

– Vous m'avez tout de même l'air un peu jeune pour une vétérinaire.

– Oh, je ne le suis pas. Mais ma tante, oui !

– Ah bon ? fit Rougeole d'un air pensif. Puisque vous en parlez, j'ai une lapine qui aurait besoin d'être examinée.

– Qu'est-ce qu'elle a ?

– Elle n'a plus d'appétit. Et… euh, enfin, elle… elle n'a pas fait ses besoins depuis plusieurs jours.

Le regard du clown s'assombrit :

– Miss Piggy est avec moi depuis huit ans. Je ne supporterais pas de la perdre.

– Votre lapine s'appelle Miss Piggy ? s'étonna Jared.

– Ne me dites pas que vous n'en avez jamais entendu parler !

– Euh, eh bien, en fait…

Jared jeta à Jenifer un regard déconcerté. Elle-même ne connaissait pas Miss Piggy, mais elle se doutait que la lapine participait au numéro du clown.

– Excusez-le, c'est son premier rodéo, plaida-t-elle en faveur de son ami.

– Ah, je comprends mieux, dans ce cas ! s'exclama Rougeole, visiblement soulagé.

Là-dessus, il se mit à marcher dans l'allée, suivi de Dada et Riquiqui qu'il tenait en laisse. Jenifer et ses amis lui emboîtèrent le pas.

– Dans ce sketch, poursuivit le clown, mon partenaire, Rodéo Bob, fait les cent pas dans l'arène. Il consulte sa montre sans arrêt, comme s'il attendait quelqu'un. Au bout de trente secondes, j'entre en scène et je me glisse discrètement près de lui. Et, là, je dépose vite fait Miss Piggy à ses pieds et je pars en courant !

Samantha fronça les sourcils :

– Et alors ?

– Et alors, Rodéo Bob prend un air penaud et il lance à l'assistance : « On dirait bien qu'on m'a posé un lapin ! » Vous comprenez ?

Jenifer pouffa de rire.

– C'est quand même un peu débile, se permit-elle d'ajouter.

– Oui, mais les blagues débiles sont les meilleures ! affirma Rougeole.

Tout en discutant, le petit groupe avait atteint un vaste terrain herbeux, près du parking. Une dizaine de caravanes y étaient garées. Le clown désigna l'une d'entre elles, un modèle ancien en aluminium avec des lignes arrondies, qui ressemblait à une grosse citrouille argentée sur roulettes.

– Voici mon chez-moi, annonça-t-il.

Juste à côté, une grande cage était posée sur le sol. Jenifer s'en approcha. Miss Piggy était là, installée sur un lit de paille confortable. Elle avait le pelage brun, sauf sur le ventre, où son poil était blanc. Ses oreilles semblaient agitées d'un tic nerveux. Elle avait les yeux mi-clos, la respiration saccadée et la fourrure en désordre. « Elle n'a vraiment pas l'air en forme », pensa Jenifer.

– Alors, qu'en dites-vous ? demanda Rougeole.

– Je crois qu'il faudrait la montrer à ma tante, lui répondit-elle en dissimulant son inquiétude.

Elle prit son talkie-walkie et appuya sur le bouton d'appel.

– Anya, on a besoin de toi ici, lança-t-elle dans le microphone.

– Coucou, Jenifer. Qu'est-ce qui se passe ?

La fillette fit un rapide compte rendu de la situation à sa tante.

– J'arrive tout de suite, conclut Anya.

Rougeole regarda sa montre :

– Je dois être sur scène dans dix minutes. Il faut que j'aille finir mon maquillage.

– D'accord, fit Jenifer. On viendra vous chercher quand Anya sera là.

Le clown grimpa les trois marches qui menaient à la porte de sa caravane et disparut à l'intérieur.

Jenifer s'assit dans l'herbe, près de la cage, pour attendre sa tante. Jared, quant à lui, se tournait sans cesse vers la foire. On entendait la musique, et on percevait même l'odeur des hamburgers en train de griller…

– Mmmh, ça sent drôlement bon, dit-il en se frottant le ventre.

– On n'a toujours pas mangé de gaufres, remarqua Samantha.

– Allez-y, leur suggéra Jenifer. Moi, je vais rester avec Miss Piggy.

– Tu es sûre ?

– Absolument. Et puis, il vaut mieux que vous soyez là-bas, au cas où il y aurait une nouvelle urgence vétérinaire.

– Tu as raison, approuva Jared.

– Appelle-nous sur le talkie-walkie si tu as besoin de nous, lança Samantha en s'éloignant.

Anya arriva quelques instants plus tard. Elle examina Miss Piggy sous le regard attentif de Rougeole, qui avait terminé son maquillage.

– Depuis quand n'a-t-elle pas fait ses besoins ?

– Euh… avant-hier, je crois, répondit le clown, quelque peu embarrassé.

– C'est peut-être dû à une boule de poils, expliqua Anya. C'est très fréquent chez les lapins. Ils avalent des poils en faisant leur toilette, comme les chats, sauf qu'ils n'arrivent pas à les évacuer en vomissant.

La vétérinaire fit pivoter un loquet et souleva l'une des parois de la cage. Elle glissa les mains à l'intérieur pour attraper la lapine. Jenifer s'attendait à la voir courir se réfugier dans le fond, mais celle-ci n'esquissa pas le moindre mouvement. « Ce n'est pas bon signe », se dit la fillette.

Anya saisit Miss Piggy par la peau du cou, la posa dans l'herbe, puis la coucha sur le côté. L'animal se tortilla, visiblement incommodé par cette position.

Rougeole était resté un mètre en arrière. Ses traits, pourtant recouverts d'un épais maquillage coloré, trahissaient l'inquiétude.

– Jenifer, tu peux m'aider ? demanda Anya.

– Bien sûr, répondit la fillette en s'agenouillant près de sa tante. Que dois-je faire ?

– Tiens ses pattes arrière d'une main et

ses pattes avant de l'autre. Pendant ce temps, je vais lui masser le ventre.

Jenifer suivit les instructions de sa tante et la regarda travailler.

– Si elle avait une boule de poils, je devrais la sentir au toucher, indiqua Anya, concentrée sur ce qu'elle faisait.

– À quoi cela ressemble ?

– C'est une masse dense, qui peut parfois être aussi grosse qu'une noix.

– Je peux toucher ?

– Euh… ce ne sera pas nécessaire. On dirait qu'il n'y a rien.

Anya paraissait perplexe :

– Miss Piggy n'a pas de boule de poils dans le ventre.

– Alors, qu'est-ce qu'elle a ?

– Renverse-la sur le côté, proposa Anya.

Jenifer fit basculer la lapine sur l'autre flanc. Anya appuya doucement ses mains au niveau du bas-ventre de l'animal. Miss Piggy secoua violemment ses pattes arrière.

– Ouh là, j'ai failli la lâcher ! s'écria Jenifer.

– Elle doit avoir très mal là où je l'ai touchée.

– Que se passe-t-il ? s'inquiéta Rougeole.

– Il faut l'opérer de toute urgence, annonça Anya.

6

– Vous êtes certaine qu'une opération est nécessaire ? demanda Rougeole.

– Je dois d'abord faire une analyse de sang pour y voir plus clair, déclara calmement Anya. Je crois que Miss Piggy a une crise d'appendicite.

Le clown semblait désespéré :

– Est-ce qu'elle va mourir ?

– Si c'est bien son appendice, je peux l'enlever, le rassura Anya. C'est assez grave, mais elle a de bonnes chances de s'en tirer.

Rougeole se précipita vers elle et la serra maladroitement dans ses bras :

– Allez-y, faites de votre mieux. Et surtout prenez bien soin d'elle.

– C'est promis, répondit Anya avec un léger sourire. Auriez-vous un vêtement à me donner pour transporter Miss Piggy ?

Le clown rapporta une chemise à rayures rouges et blanches. La vétérinaire glissa la lapine dans une manche, laissant sa tête dépasser par l'ouverture. Ainsi enveloppée, Miss Piggy paraissait plus détendue.

– Jenifer, tu pourras la tenir pendant le trajet ?

– Bien sûr, Anya.

– Très bien. Alors, en route !

Jenifer et sa tante quittèrent Rougeole et se hâtèrent vers le pick-up. Malheureusement, les voitures progressaient au ralenti vers la sortie. Anya tapota le volant du bout des doigts avec impatience.

– Si seulement j'avais une sirène ! soupira-t-elle.

– Miss Piggy va si mal que ça ?

– Difficile à dire avant d'avoir effectué un test sanguin. Mais, si son appendice lâchait, son état pourrait très vite empirer.

Cinq minutes plus tard, elles se garaient devant la clinique. Elles entrèrent en trombe à l'intérieur, où elles trouvèrent Travis, assis dans le bureau.

– Qu'est-ce qui se passe ? demanda-t-il.

– On a une urgence, lança Anya. Tu veux te rendre utile ?

Le jeune homme haussa les sourcils :

– Moi ?

– Écoute, tu es là pour savoir si tu veux devenir vétérinaire, n'est-ce pas ? Alors voilà l'occasion rêvée de le découvrir.

– D'accord. Que dois-je faire ?

– Va dans la salle d'opération, lave-toi les mains et mets-toi en tenue. Enfile une blouse, un masque et un de ces trucs qui ressemblent à un bonnet de bain.

Travis eut un rire gêné :

– Vous êtes sérieuse ? Tout ça pour un simple lapin ?

– Est-ce que j'ai l'air de plaisanter? répliqua Anya d'un ton ferme.

– C'est bon, j'y vais.

Jenifer regarda le jeune homme traverser le couloir en traînant les pieds et entrer dans la salle d'opération. Elle entendit ensuite le bruit de l'eau. Elle se retourna vers Anya, qui portait Miss Piggy dans ses bras.

– Je ferais bien de repartir au rodéo, non?

– Oui. Mais pourrais-tu d'abord sortir Baxter?

– Bien sûr!

Comme d'habitude, Baxter était couché de tout son long sous le bureau d'Anya.

– Viens, mon beau!

Le chien ouvrit un œil endormi. Jenifer attrapa sa laisse, pendue à un crochet derrière la porte, et l'agita:

– Allez, on y va!

Elle frappa sur sa cuisse pour inciter le chien à venir vers elle. Baxter se leva mollement en gémissant, trottina jusqu'à elle et attendit qu'elle lui accroche sa laisse. La fillette éclata de rire et le gratifia d'une caresse.

– Tu meurs d'envie de sortir, on dirait ! plaisanta-t-elle.

Jenifer emmena le basset-hound dans l'arrière-cour pour qu'il fasse pipi. Puis ils empruntèrent l'allée qui rejoignait le trottoir devant la clinique et partirent se promener.

Au retour, Jenifer donna à Baxter un grand bol d'eau fraîche. Après quoi, elle décida d'aller voir comment allait Rocky.

Elle passa dans la salle des pensionnaires, mais le bouledogue n'était pas dans sa cage. « Travis a dû l'installer dans une autre », se dit-elle. Elle inspecta toutes les cages de la rangée et fut surprise de les trouver vides, à l'exception d'une seule, contenant un chat qui se reposait à la suite d'une opération.

Jenifer sentit le rythme de son cœur s'accélérer. Où donc était Rocky ? Avait-il pu s'échapper ? Travis l'avait-il laissé sortir ? Le mieux était de poser la question à l'intéressé.

Elle se dirigea vers la salle d'opération et faillit rentrer dans le garçon, qui avait jailli brusquement dans le couloir. Il ôta aussitôt son masque et s'appuya contre le mur, le souffle coupé, en se tenant le ventre.

– Qu'est-ce qui t'arrive ? demanda Jenifer.

– C'est le sang, murmura Travis.

On aurait dit qu'il allait vomir.

– Ah, fit Jenifer.

Samantha réagissait de la même façon à chaque fois qu'elle voyait du sang.

– Tout va bien ? cria Anya depuis la salle d'opération.

– Oui, la rassura Jenifer. Tu as besoin d'aide ?

– Non, c'est bon. Je suis en train de recoudre l'incision.

– Viens, proposa alors Jenifer à Travis.

Elle le tira par le bras jusqu'à la salle d'attente.

– Assieds-toi, mets la tête entre tes jambes et inspire profondément, lui conseilla-t-elle. Ça va passer.

Jenifer lui laissa le temps de trois respirations, puis elle l'interrogea :

– Où est Rocky ?

– Qui ? répondit d'une voix étouffée le jeune homme, qui avait gardé la tête en bas.

– Rocky ! Le bouledogue qui a eu une déchirure de la trachée.

– Ah, lui ? Sa propriétaire est venue le chercher tout à l'heure.

– Quoi ? Il n'était pas encore en état de quitter la clinique ! protesta Jenifer.

– C'est bien ce que je lui ai dit ! Mais elle ne voulait rien savoir. Qu'est-ce que je pouvais faire ?

– Tu aurais dû lui expliquer que Rocky avait besoin de temps pour se rétablir.

Jenifer s'interrompit soudainement et afficha un air interloqué :

– Attends une seconde ! Pourquoi dis-tu « sa » propriétaire ? Le maître de Rocky est un homme, il s'appelle M. Naylor.

Travis se leva, troublé.

– Non, non, c'était une femme, insista-t-il. Avec des cheveux foncés et des lunettes de soleil…

Jenifer sentit à son tour la tête lui tourner. Elle repensa à la promesse faite à M. Naylor de bien s'occuper de son chien.

À ce moment-là, quelqu'un toqua à la porte. Puis la sonnette d'entrée retentit, et on frappa de nouveau. Jenifer se doutait de l'identité du visiteur… Elle se leva et alla ouvrir.

– Je viens voir mon chien, déclara M. Naylor en déboulant dans le hall. Comment va-t-il ?

– Je crois que vous devriez vous adresser directement à Anya, suggéra Travis, mal à l'aise. Elle est en pleine opération, mais elle aura bientôt fini.

Le visage du gros homme changea de couleur :

– Il n'est pas… mort, au moins ?

– Non, non. Enfin, pas que je sache…

– Vous allez me dire tout de suite ce qui se passe ! vociféra M. Naylor.

Jenifer rassembla son courage et prit la parole :

– Voilà : en fait, quelqu'un est déjà venu

récupérer Rocky. Une dame brune portant des lunettes de soleil.

Le gros homme s'effondra sur une chaise, l'air abattu.

– Oh, non, pas encore ! gémit-il.

– Que voulez-vous dire ?

– Rocky n'arrête pas de se faire enlever.

– Pourquoi donc voudrait-on vous voler votre chien ? intervint calmement Travis.

– Avez-vous déjà entendu parler des « Bulldogs » ?

– Bien sûr ! répondit Travis avec enthousiasme. C'est l'équipe de base-ball junior de Denver ! Attendez... Je parie que Rocky est leur mascotte !

– En plein dans le mille ! Et les équipes rivales passent leur temps à l'enlever, pour casser le moral des Bulldogs avant les matches importants.

– Et ça marche ?

– Oui, quelquefois.

– Rocky vient d'être opéré et a besoin de repos, rappela Jenifer. Il faut le retrouver.

– Comment ? demanda Travis.

– Peut-être que Rose pourra nous aider. C'est l'adjointe du shérif.

Le talkie-walkie de Jenifer se mit à grésiller.

– Jenifer, tu m'entends ? C'est Samantha.

Jenifer saisit l'appareil et le porta devant sa bouche :

– Oui, Sam, je t'écoute.

– Dis à Anya de venir d'urgence à l'arène d'entraînement ! Il y a là un cheval qui a besoin d'elle.

7

Jenifer aida sa tante à installer Miss Piggy dans la salle des pensionnaires. Puis toutes deux coururent au pick-up, laissant Travis s'occuper de M. Naylor.

Anya roula aussi vite que possible et se gara devant l'entrée principale du rodéo, près d'un panneau indiquant « Stationnement interdit ». Elle attrapa la trousse de médicaments réservée aux chevaux, à l'arrière de la voiture, puis, accompagnée de Jenifer, elle s'élança entre les groupes de visiteurs qui flânaient dans les allées.

Samantha les attendait devant l'arène d'entraînement. Elle avait l'air inquiète. Jared se tenait un peu en retrait derrière elle.

– Où est le cheval ? demanda Anya.

Samantha désigna un splendide palomino à la robe brun doré. Jenifer reconnut immédiatement l'animal :

– C'est bien Calamity Jane ?

– Oui, confirma Samantha.

Une trentaine de personnes étaient réunies là, observant la jument malade du coin de l'œil. Cora aussi était présente, entourée de quelques amis. Elle portait sa tenue de compétition : un pantalon foncé, des bottes violettes, un chemisier rose brodé et un chapeau de cow-boy blanc. Un peu plus loin, deux femmes entraînaient leurs chevaux. Certes, la situation de Calamity Jane était dramatique, mais la compétition ne s'arrêtait pas pour autant.

– Que s'est-il passé ? demanda Anya en se dirigeant vers la jument.

– Jared et moi, on regardait les candidats s'échauffer pour la course de barils, raconta

Samantha. Tara Tyler Smith faisait parader sa jument. Et puis, tout à coup, Calamity s'est mise à transpirer à grosses gouttes et à paniquer. C'est à ce moment-là que je t'ai appelée.

– Bonne initiative, la félicita Anya.

La jument semblait mal en point. Jenifer remarqua que ses jambes arrière flageolaient et que l'animal luttait pour rester debout.

Une jeune fille pas plus haute que trois pommes tenait la bride de la jument. Jenifer devina qu'il s'agissait de Tara. Elle caressait les naseaux de Calamity en lui parlant à voix basse, essayant en vain de l'apaiser.

La jument avait les yeux écarquillés de peur. Elle secouait la tête dans tous les sens, et sa robe était trempée de sueur.

Anya posa sa main sur l'épaule de Tara :

– Bonjour. Je suis la vétérinaire.

– Ouf, vous voilà !

Anya plaça une main derrière le genou de l'animal. Elle se tut pendant dix secondes et compta les battements de cœur.

– Son pouls est rapide, annonça-t-elle.

Elle palpa ensuite légèrement le flanc de la jument. Celle-ci fit un bond pour s'écarter.

– Ses muscles sont tendus, dit Anya.

– Oui, je sens qu'elle est nerveuse, acquiesça Tara.

– Écoute, je vais te poser quelques questions pour y voir plus clair.

– D'accord.

– As-tu entraîné ton cheval de la même façon que d'habitude ?

– Non, reconnut Tara. Ma famille et moi arrivons du Texas. Avec le van, on ne peut pas rouler très vite, et on a dû passer deux nuits sur la route.

– As-tu sorti Calamity Jane du van pendant tout le trajet ?

– Bien sûr. Nous avons logé chez des éleveurs de chevaux, et j'ai mis ma jument dans le pré.

– Et tu l'as montée ?

– Non, j'étais malade. Je suis allergique aux pollens, expliqua Tara. À cause des peupliers, je n'arrêtais pas d'éternuer et j'avais les yeux tellement gonflés que je n'y voyais presque plus. C'est pourquoi on a confié l'entraînement de Calamity à mon petit frère.

– Il est capable de s'en occuper ?

– Oh, ça oui ! Il monte à cheval depuis qu'il est né !

– Donc, il a bien fait courir ta jument ?

– En tout cas, c'est ce que je lui ai demandé. En même temps, il a un poil dans la main…, ajouta Tara sur un ton hésitant.

– Tu crois qu'il aurait pu prendre sa mission à la légère ?

Tara paraissait maintenant en colère :

– C'est possible. Si ça se trouve, il l'a fait marcher sur un kilomètre, et ensuite il s'est installé à l'ombre d'un arbre pour bouquiner.

– Je vois, fit Anya en hochant la tête. Est-ce que tu as réduit la ration de nourriture de Calamity ?

– Non.

– As-tu noté quelque chose de particulier dans son urine ?

– Oui, elle est rouge foncé.

– Tara, ta jument a une forme aiguë de myoglobinurie, conclut Anya en soupirant.

Le visage de Tara se décomposa.

– Faites ce que vous pouvez, je vous en prie ! demanda-t-elle.

Anya s'agenouilla et farfouilla dans sa trousse.

– Qu'est-ce que c'est, une myoglobinurie ? la questionna Jenifer, qui avait le sentiment d'avoir manqué un épisode.

– C'est un problème qui survient quand un cheval a reçu une ration normale sans avoir été suffisamment entraîné, expliqua Anya.

Elle sortit quelques petites fioles de son sac, les mit dans la poche de son chemisier, sauf une, dont elle vida le contenu dans une seringue.

– Et pourquoi est-ce si grave ?

– Parce que le cheval stocke le surplus d'énergie dans ses muscles. Par la suite, lorsqu'on le fait travailler, il produit trop d'acide lactique. Le muscle s'intoxique, et les cellules musculaires éclatent en libérant la myoglobine. Or, celle-ci peut endommager gravement les reins.

Jenifer ne comprenait pas tout ce que disait sa tante, mais elle avait saisi le message : l'état de Calamity Jane était grave.

Anya s'approcha de la jument, lui donna une petite tape du revers de la main et lui injecta le produit qu'elle avait préparé.

– C'est un calmant, indiqua-t-elle à Tara.

Puis elle rangea la seringue usagée dans un étui en plastique et en attrapa une neuve. Elle se tourna vers les quatre enfants :

– Tara, va me chercher une couverture pour Calamity. Jenifer et Samantha, courez à la voiture et rapportez-moi du liquide de perfusion. Il m'en faut au moins cinq litres pour commencer. Et la même quantité de solution électrolyte. Quant à toi, Jared, rapporte-moi un escabeau.

– Où est-ce qu'on se retrouve, Anya ?

– Ici même. Calamity ne doit surtout pas bouger. Pas avant demain, en tout cas. Allez, dépêchez-vous !

– Je crois que Tara ne va pas être en état de concourir, déclara Jenifer en arrivant au pick-up.

Samantha la dévisagea, surprise :

– Tu n'as pas compris ? C'est beaucoup plus grave que ça !

– Ah bon ? fit Jenifer.

– Calamity Jane est en danger de mort ! Si Anya ne réduit pas assez vite l'empoisonnement, ses reins ne vont pas tenir.

– On dirait que tu as déjà connu ça.

– Oui. Quand j'avais cinq ans, un de nos chevaux est mort à cause de ça. C'était un jeune étalon de deux ans, il s'appelait Fox.

Jenifer resta pensive. Samantha avait aussi perdu sa maman quand elle avait le même âge. Cela avait dû être une année terrible.

– Espérons que ma tante pourra sauver Calamity.

– Comme tu dis.

Les deux fillettes rassemblèrent le matériel demandé par Anya et revinrent à l'arène en courant. Anya avait terminé ses injections.

Elle avait posé une sonde gastrique à la jument et avait branché la perfusion dans son cou.

Jared arriva avec un escabeau. Anya y accrocha la poche de liquide de perfusion, au-dessus de la tête de Calamity. Elle injecta la solution électrolyte dans le tube à l'aide d'une grosse seringue. Puis elle fit quelques pas en arrière et observa la jument.

– On dirait que l'antalgique commence à agir, commenta-t-elle.

Calamity Jane semblait en effet beaucoup plus calme. Elle avait cessé de s'agiter. Pendant que le petit groupe la surveillait, elle émit un grand jet d'urine brun rouge. Tara lança à Anya un regard soucieux.

– Tout va bien, la rassura la vétérinaire. Elle évacue la myoglobine. C'est bon signe.

– Et maintenant qu'est-ce qu'on fait ?

– On laisse les produits agir. D'ici une demi-heure, on la nourrira de nouveau avec la sonde gastrique. Après, on devra attendre de voir si Calamity peut tenir sur ses jambes pendant les prochaines vingt-quatre heures.

C'est le temps qu'il lui faudra pour se débarrasser des toxines.

– Vingt-quatre heures..., répéta Tara en se frottant les yeux.

Jenifer compatissait avec la jeune fille : devoir attendre aussi longtemps pour savoir si son cheval allait survivre, voilà qui n'était pas facile. Elle consulta sa montre. Il était 15 h 02. Demain à la même heure, on saurait si Calamity Jane était sortie d'affaire.

15 h 02... Cet horaire éveilla soudain l'attention de Jenifer. Elle était en train d'oublier quelque chose, mais quoi ? Qu'avait-elle donc prévu à cette heure-là ?

– Oh, non ! s'écria-t-elle en recouvrant brusquement ses esprits.

Elle jeta un coup d'œil autour d'elle : les gens s'étaient dispersés, et évidemment Cora n'était plus là.

– Que se passe-t-il ? l'interrogea Jared.

– On est en train de manquer la course de ma sœur !

8

Jenifer, Jared et Samantha arrivèrent juste au moment où le commentateur annonçait Cora :

– Et maintenant, mesdames et messieurs, place à une nouvelle candidate ! C'est une jeune fille bien de chez nous. Merci d'applaudir très fort Cora Sullivan !

Trois gros bidons de deux cents litres étaient disposés en triangle sur la piste. Les concurrents devaient faire le tour de chacun d'eux en suivant un parcours obligatoire en forme de trèfle. Le plus rapide était désigné vainqueur.

Cora et Cannelle se tenaient prêtes. Dès que le portillon s'ouvrit, la jument s'élança, et le chronomètre lumineux se déclencha avec un bip strident. Sur le tableau des scores, les temps étaient affichés au centième de seconde près.

– Vas-y, Cora ! hurla Jenifer.

Ses deux amis l'imitèrent ; partout dans l'arène, les gens criaient.

Cora atteignit le premier baril en un clin d'œil.

– Cannelle a l'air nerveuse, remarqua Samantha.

Jenifer hocha la tête. La jument marron avait les naseaux dilatés et les oreilles couchées en arrière. Mais la fillette faisait confiance à sa sœur.

Cora et sa jument contournèrent le premier bidon en le frôlant presque, ce qui valut une bonne frayeur à Jenifer. En effet, si elles l'avaient renversé, elles auraient écopé d'une pénalité de cinq secondes, ce qui aurait suffi à leur faire perdre la course.

– Quel score doit-elle battre ? s'informa Jared.

Samantha désigna le tableau lumineux. On y lisait : « Meilleur temps : 17'41. »

Pendant ce temps, Cora fonçait vers le deuxième baril. Elle maîtrisait parfaitement Cannelle et se servait de la nervosité de sa monture pour gagner en vitesse. Le chronomètre indiquait 8'23.

– Je crois qu'elle a des chances de gagner, dit Samantha.

– À condition de bien contrôler Cannelle et de ne pas renverser de bidon, précisa Jenifer.

– En tout cas, on se laisse prendre au jeu ! s'enflamma Jared.

La cavalière venait de passer le second obstacle. Jenifer trépignait. « Ça va se jouer à peu de chose », pensa-t-elle. Elle songea à ses parents, se demandant s'ils étaient là. Elle parcourut la foule des yeux et les repéra dans les tribunes. Papy Pete était avec eux, et tous trois applaudissaient pour soutenir Cora.

Jenifer reporta son attention sur la course.

Sa sœur était en train de tourner autour du dernier baril. Cannelle se redressa dans la dernière ligne droite, tandis que Cora se penchait en avant, les cheveux au vent sous son chapeau de cow-boy. La jument galopait à toute vitesse, soulevant des nuages de poussière avec ses sabots.

14'98.

– Vas-y, Cora ! s'époumona Jenifer.

Son regard allait et venait entre la piste et le compteur.

15'17.

– Allez, allez, allez ! murmura Jared.

Cannelle franchit la ligne d'arrivée, et une sonnerie retentit. Les chiffres sur le chronomètre se figèrent.

17'22.

– Ouais ! hurla Jenifer.

Samantha et Jared criaient, eux aussi.

– Quelle superbe performance pour notre candidate locale ! explosa le commentateur. Cora Sullivan prend ainsi la tête de la compétition. Et maintenant place à la candidate suivante…

– Vite, allons la voir ! lança Jenifer.

Les trois amis retrouvèrent Cora à la sortie de l'écurie. La jeune fille était descendue de cheval et faisait marcher doucement Cannelle pour la détendre.

– Bravo, Cora, tu as été fantastique ! s'exclama Jenifer.

– Merci ! répondit la cavalière, encore essoufflée.

– Je suis sûre que tu vas gagner ! déclara Samantha.

– Peut-être. Mais j'aurais tellement voulu que Tara et Calamity Jane puissent participer, ajouta Cora tristement. Même si je n'aurais eu aucune chance face à elles.

À ce moment-là, Jack, Norma et Papy Pete rejoignirent le petit groupe, suivis de Jake, l'employeur de Cora. Durant quelques minutes, la jeune fille fut au centre des félicitations. Chacun y alla de son commentaire sur la course. Après quoi, Jake et Cora ramenèrent Cannelle aux écuries.

La foire devenait plus calme. Les stands

de jeux allaient rester ouverts jusque tard dans la soirée, et les visiteurs pourraient continuer à déambuler dans les allées, mais les compétitions étaient terminées jusqu'au lendemain.

Après avoir contrôlé l'état de Calamity, qui était stationnaire, Jenifer et ses amis rentrèrent chez eux. Le soir, Papy Pete emmena la famille Sullivan au restaurant pour fêter la victoire de Cora, que personne n'avait réussi à battre. De retour à la maison, Jenifer sortit Rufus, puis monta se coucher. Elle s'écroula sur son lit et s'endormit aussitôt. Elle rêva d'une femme avec des lunettes de soleil qui rôdait dans la ville et kidnappait les chiens.

Le lendemain matin, Anya passa chercher Jenifer chez elle, avant d'aller récupérer Samantha et Jared. Elle profita du trajet pour donner des nouvelles à sa nièce :

– Calamity va un petit peu mieux. Hier soir vers minuit, j'ai pu l'installer dans l'écurie. En ce qui concerne la disparition de Rocky, je suis allée voir Rose, ce matin. Elle m'a dit n'avoir reçu aucun appel de M. Naylor.

– C'est bizarre, nota Jenifer. Moi, si on m'avait volé Rufus, j'aurais aussitôt appelé la police.

– M. Naylor n'est peut-être pas très en forme, tu sais. Il est sans doute encore déboussolé après sa mésaventure avec le bison.

Une demi-heure plus tard, la vétérinaire et ses jeunes assistants arrivèrent au champ de foire. Anya partit examiner Calamity Jane. Pendant ce temps, Jenifer et ses amis allèrent s'acheter une gaufre avant de se rendre à l'arène.

– Alors, quel est le programme aujourd'hui ? demanda Jared d'un ton enjoué.

– C'est l'épreuve de monte de taureaux, l'informa Samantha.

– Super ! Allons-y, je veux être bien placé !

L'arène était bondée : il y avait encore plus de monde que la veille. Les trois jeunes amis réussirent cependant à trouver des places dans les premiers rangs des gradins.

Jenifer était un peu mal à l'aise à cause de ce qu'avait dit Mme Capra sur la cruauté de cette épreuve. « Pourvu que la mère de Marisa se trompe, pria-t-elle intérieurement. Je ne supporterais pas de voir des animaux maltraités. »

– Je n'ai jamais assisté à ce genre de compétition, avoua-t-elle.

– Vraiment ? s'étonna Samantha. C'est pourtant la meilleure partie du rodéo !

Jenifer haussa les épaules. Sa famille ne l'avait jamais emmenée qu'à l'épreuve de course de barils. Et encore, seulement les années où Cora y participait. Ne sachant pas ce qu'elle allait voir, la fillette sentit sa nervosité grandir.

– Bonjour, mesdames et messieurs ! lança le commentateur sous les applaudissements. Bienvenue pour ce deuxième jour du rodéo annuel de Gateway. Aujourd'hui a lieu un événement que vous attendez tous : l'épreuve de monte de taureaux ! Que ceux qui ne connaissent pas encore cette discipline se préparent à admirer de vrais casse-cou, qui vont s'asseoir sur le dos d'un taureau et tenter d'y rester pendant huit secondes ! Accueillons tout de suite le premier candidat...

Jenifer et ses amis se levèrent pour mieux voir. Un groupe de musiciens, composé de deux violonistes et d'un joueur de banjo, se tenait dans un coin de la tribune. Il commença à jouer à l'instant où le taureau entrait dans l'arène. L'animal, massif, avait des cornes énormes. Il jaillit en grognant, tête baissée, et fonça vers le centre de l'arène. Le cow-boy sur son dos faisait de son mieux pour ne pas tomber. Il se cramponnait, d'une main gantée, à une corde attachée autour du poitrail du taureau, et tenait son autre main en l'air, au-dessus de sa tête. Le pauvre était ballotté dans tous les sens.

– Il faut qu'il garde sa main libre en l'air, cria Samantha pour couvrir le bruit de la foule. Si sa main touche quoi que ce soit, il est disqualifié.

Jenifer retenait sa respiration. Elle avait toujours eu peur des taureaux, et celui-là semblait particulièrement hargneux. Le mastodonte rua et tourna sur lui-même.

– C'est un excellent taureau, commenta Samantha.

– Excellent ? répéta Jared. Féroce, tu veux dire !

– Justement, c'est une qualité, expliqua Samantha. Les juges tiennent compte des ruades. Ils donnent aux candidats une note de un à vingt-cinq, et font de même avec les taureaux.

L'animal se déchaînait sur la piste, malmenant le cow-boy, qui bondissait en l'air et retombait lourdement sur son dos. L'homme perdit son chapeau dans la tourmente. « Il va avoir tellement de bleus demain qu'il ne pourra même pas s'asseoir », se dit Jenifer. Tout à coup, les musiciens cessèrent de jouer, et une sonnerie retentit.

– Les huit secondes sont écoulées, indiqua Samantha. Maintenant, il peut descendre.

– Ce n'est pas dangereux ? demanda Jenifer, préoccupée.

– Si, parfois.

L'homme ne descendit pas en douceur, comme l'aurait fait un cavalier de son cheval. Il lâcha la corde et laissa le taureau le jeter à terre. Il atterrit sur ses pieds, mais il trébucha et tomba en avant sur le sol.

– Debout ! murmura Samantha avec inquiétude.

Le taureau jeta au cow-boy un regard noir. Puis il baissa la tête, pointant ses cornes vers le malheureux.

9

Le taureau chargea. Le cow-boy détala, mais pas assez vite. L'animal le frappa sur le côté et le projeta en l'air avec ses cornes.

Un cri de frayeur parcourut la foule. Jenifer tressaillit en voyant le taureau faire demi-tour et s'apprêter à charger de nouveau. «La mère de Marisa ferait mieux de s'inquiéter pour les cow-boys, s'insurgea-t-elle. Ce sont eux qui sont maltraités.»

Jared se cacha les yeux. Jenifer, elle, était incapable de détourner le regard. C'était comme pendant les opérations chirurgicales:

elle trouvait ça à la fois effrayant et fascinant.

L'animal était sur le point de piétiner le cow-boy quand un événement étrange se produisit : quelqu'un s'élança au centre de l'arène, filant droit vers le taureau. Détail insolite, il s'agissait d'un clown ! Et ce n'était pas n'importe quel clown, c'était Rougeole ! Il essayait d'attirer l'attention de l'animal.

Jenifer sursauta :

– Qu'est-ce qu'il fait ici ?

– Il est là pour protéger le cow-boy, répondit Samantha.

– Comment ça ?

– Son rôle est de distraire le taureau, le temps que le cow-boy se relève et aille se mettre à l'abri.

Jenifer n'en revenait pas ! Pourtant ça marchait : l'animal remarqua Rougeole et le poursuivit. Pendant ce temps, un autre clown, qui était entré dans l'arène, vint chercher le cow-boy pour l'aider à grimper sur la barrière.

– Tout va bien, cher public ! annonça le

commentateur. Notre candidat est simplement un peu sonné. Ça démarre fort cette année !

La foule applaudit à tout rompre.

Jenifer continua de regarder la piste. Le cow-boy était peut-être sain et sauf, mais le taureau était toujours aux trousses de Rougeole ! Le clown devait être mort de peur, même s'il n'en laissait rien paraître et s'il faisait l'idiot en courant. Il exécuta une dernière pirouette et sauta par-dessus la barrière. Une seconde plus tard, la tête du taureau heurta le panneau métallique avec fracas.

Jared osa enfin ouvrir les yeux :

– C'est complètement dingue !

– C'est pour ça que les gens adorent ! dit Samantha en souriant.

Jenifer ne savait pas encore si elle aimait cette épreuve ou non. Elle se sentait un peu dans le même état qu'au printemps dernier, lorsqu'elle avait vu un grave accident de voiture : à la fois horrifiée et surexcitée. « La peur a quelque chose de galvanisant », songea-t-elle. La foule entière semblait éprouver ce sentiment, hurlant à pleins poumons quand le deuxième taureau fit son entrée sur la piste.

Les démonstrations suivantes ne furent pas aussi exaltantes que la première. La plupart des candidats tombèrent avant que les huit secondes ne se soient écoulées, et tous réussirent à sortir de l'arène sans encombre. Même si les spectateurs n'étaient pas venus pour voir du sang, ils étaient conscients qu'un accident pouvait arriver n'importe quand, et ils voulaient être là pour voir ça. Jenifer ne faisait pas exception.

– Regarde, lui dit Samantha en lui donnant un coup de coude. Il y a une bagarre.

Deux hommes étaient en effet en train de se bousculer un peu plus loin. Jenifer entendait leurs cris sans pour autant distinguer les mots. À en juger par leurs chapeaux et leurs bottes usés, ce n'étaient pas des touristes, mais des vachers.

– Il faut faire quelque chose, déclara Jared.

– D’accord, mais quoi ? fit Samantha.

– Je vais appeler Anya sur son talkie-walkie, proposa Jenifer. Elle saura comment contacter le service de sécurité.

Quelques instants plus tard, les trois amis aperçurent Anya et Rose, l’adjointe du shérif, qui marchaient vers les deux hommes. Un petit attroupement s’était formé autour d’eux.

– Allons voir de plus près ce qui se passe, suggéra Jared.

– Bonne idée, approuva Samantha.

Ils étaient déjà tous les deux en train de se frayer un chemin à travers la foule pour sortir de la tribune. Jenifer les suivit à contrecœur car elle n’aimait pas les bagarres.

Apparemment, Anya ne les aimait pas davantage. Lorsque les enfants arrivèrent à sa hauteur, ils l’entendirent qui grondait le plus costaud des deux hommes :

– Enfin, monsieur Wyatt, c’est ridicule !

Les deux vachers se regardaient en chiens de faïence. Chacun avait l’air d’attendre que l’autre recommence à frapper.

– Tu sais qui c'est ? murmura Samantha avec une pointe d'excitation dans la voix.

– J'ai cru comprendre qu'il s'appelait M. Wyatt, répondit Jared.

– Oui, et ce n'est pas n'importe qui ! lui confia Samantha. Il est propriétaire de troupeaux. Il fournit tout le bétail pour les rodéos.

Pendant ce temps, la dispute continuait de plus belle.

– Vous trouvez ridicule que je veuille protéger mes animaux ? hurla M. Wyatt.

– Je n'ai pas dit ça, affirma Anya. Mais je pense que l'on peut régler cette affaire sans avoir recours à la violence.

– Quel est le problème ? intervint Rose.

– Ce type a blessé mon taureau !

– Et comment a-t-il fait cela ?

– Il a trop serré la sangle ventrale !

– C'est quoi, la sangle ventrale ? demanda Jared.

– Une courroie attachée autour de l'abdomen de l'animal, lui répondit un homme dans la foule.

– Ah. Et est-ce que ça entrave ses… euh… parties intimes ?

– Non, non, fit l'homme en riant.

L'autre vacher était furieux :

– Je l'ai juste assez serrée pour que le taureau rue. Les cow-boys veulent que leur monture s'agite. Cela leur rapporte des points, vous le savez aussi bien que moi.

– Toutes mes bêtes lancent des ruades, rétorqua M. Wyatt. Pas besoin de les torturer pour ça ! Ce taureau est de première qualité. Pourquoi le maltraitez-vous ainsi ?

– D'accord, d'accord ! Après tout, c'est votre taureau. Je vais desserrer la sangle si c'est ce que vous voulez.

– Ça ne suffit pas ! Cette bête vaut plusieurs milliers de dollars. S'il s'avère qu'elle est blessée, vous allez devoir payer ! Je veux porter plainte, ajouta M. Wyatt en se tournant vers Rose.

– Pour quel motif ?

– Je ne sais pas, moi. Vandalisme, cruauté envers les animaux, dégradation du bien d'autrui… À vous de choisir !

– J'en prends note, indiqua Rose avec un léger sourire. Mais, tout d'abord, nous allons vérifier si cet animal est effectivement blessé. Anya, pourriez-vous vous en charger ?

– Bien sûr, dit cette dernière.

Elle escalada les barreaux du toril. Ainsi perchée, elle se retrouva dans la même position que les cow-boys lorsqu'ils s'apprêtent à grimper sur le taureau. En l'apercevant, l'animal eut l'air de penser qu'elle était sa prochaine cavalière. Il grogna d'énervement, gratta le sol de ses sabots et donna des coups de tête dans le portillon.

La vétérinaire se retourna vers un des hommes postés derrière elle :

– Je vais me pencher en avant. Quand je crie « Tirez », vous me faites sortir de là aussitôt, d'accord ?

– Oui, madame, répondit l'homme en empoignant les bottes d'Anya.

Jenifer suivit la scène avec nervosité. Elle n'arrivait pas à détacher son regard des cornes du taureau. Elles étaient longues et pointues, d'un blanc jauni, comme du vieux papier. Le toril était trop étroit pour que le taureau puisse ruer, mais il pouvait lui broyer la main d'un seul coup de reins contre la paroi. Sans parler des dégâts qu'il risquait de causer avec ses cornes terrifiantes.

10

Tout en plongeant le haut du corps dans le toril, Anya parla doucement au taureau, qui devint étrangement calme. Il avait même l'air un peu inquiet tandis qu'elle examinait son ventre. « C'est comme ça qu'elle compte me monter ? » semblait-il se demander.

Anya, elle, paraissait détendue. Elle agissait posément, sans se presser. « Le moindre geste brusque pourrait lui coûter cher », se dit Jenifer, qui observait sa tante en retenant son souffle.

– C’est bon, appela Anya d’une voix étouffée au bout de quelques minutes.

Le vacher l’aida à s’extirper du toril. Jenifer relâcha sa respiration, soulagée.

– Alors ? interrogea M. Wyatt.

– Il n’a rien, déclara Anya en sautant à terre. Pas de côte cassée. Pas de symptômes de blessure interne. Je pense toutefois que la sangle ventrale est trop serrée.

M. Wyatt perdit son expression de colère, et son visage s’éclaira. Il esquissa même un sourire en s’avançant vers le vacher incriminé :

– Allez, oublions tout cela.

Les deux hommes se serrèrent la main.

– Je vais desserrer la sangle, promit le vacher.

– Bon travail, Anya, commenta Rose avec satisfaction.

– Je suis là pour ça !

La foule se dispersa alors en direction des tribunes.

– Allons-y ! lança Samantha. Je veux voir de quoi ce taureau est capable.

– Oh oui, moi aussi ! s'écria Jared.

Jenifer s'apprêtait à les suivre quand sa tante l'attrapa par le bras.

– Attends, j'ai une nouvelle à t'annoncer : Rocky est revenu à la clinique !

– C'est super !

– J'ai chargé Travis d'appeler les hôtels du coin pour essayer de prévenir M. Naylor.

– Bonne idée. Mais que s'est-il passé ?

– La dame qui était venue chercher Rocky a décidé de le ramener, parce qu'il a arraché ses points de suture.

– Dans ce cas, on devrait retourner à la clinique, suggéra Jenifer. Et vous aussi, Rose.

– Il s'agit du chien qui a été enlevé ? voulut savoir cette dernière.

– Oui.

– Très bien. Je vous rejoins là-bas.

Jenifer partit avec sa tante, laissant ses deux amis au rodéo.

À la clinique, une dame aux énormes lunettes de soleil était installée dans la salle d'attente. En voyant arriver Jenifer et Anya, elle afficha un grand sourire :

– Vous êtes la vétérinaire ?

– C'est bien ça, confirma Anya.

« Je m'étonne qu'elle ne s'en aille pas en courant », remarqua Jenifer intérieurement.

Travis fit alors irruption dans la pièce.

– Rocky est dans la salle d'examen, annonça-t-il.

– Je vais le voir tout de suite, répondit Anya.

Jenifer hésitait sur la conduite à adopter. En temps normal, elle aurait suivi sa tante. Mais elle ne voulait pas laisser l'inconnue sans surveillance. Du moins, pas avant l'arrivée de Rose.

– Euh… je peux vous aider ? proposa la femme avec un sourire gêné.

Jenifer se rendit compte qu'elle était en train de la fixer. Elle n'arrivait pas à s'en empêcher. « Quel genre de personne faut-il être pour voler le chien de quelqu'un d'autre ? s'interrogeait la fillette. Elle n'a même pas l'air désolée. Ni coupable, ni rien du tout… »

– Rocky est à vous ? demanda-t-elle.

– Oui. Enfin, d'une certaine manière.

– C'est-à-dire ?...

– Je ne crois pas que nous ayons été présentées, la coupa la femme avec froideur.

– C'est vrai, reconnut Jenifer. En revanche, moi, je sais déjà qui vous êtes.

– Ah oui ? fit la femme avec une pointe d'agacement.

– Oui, vous êtes une kidnappeuse de chiens !

– Voyons, Jenifer, il vaudrait mieux attendre Anya, intervint Travis.

La fillette entendit des pas sur le perron. « C'est sûrement Rose qui vient pour arrêter cette dame », songea-t-elle.

– Mademoiselle, je vous assure que je n'ai jamais volé ce chien ! protesta la femme.

– Bien sûr ! se moqua Jenifer.

– Si Rocky n'est pas mon chien, dites-moi à qui il appartient.

– À M. Naylor !

– Qui est-ce ?

À cet instant, la porte de la salle d'attente s'ouvrit brusquement. Tout le monde tourna la tête vers le nouvel arrivant, et Jenifer découvrit avec surprise qu'il ne s'agissait pas de Rose.

– Monsieur Naylor, justement, vous voilà ! s'écria la fillette. Voici la dame qui a enlevé votre chien.

– Naylor ? Où as-tu été chercher un nom pareil, Bob ? s'esclaffa la femme.

M. Naylor jeta un regard perplexe à Jenifer :

– Vous avez dit à cette dame que je m'appelais Bob ?

– Non.

– Bob, arrête, reprit la femme en riant. La plaisanterie a assez duré.

– La plaisanterie ? répéta M. Naylor. Mais de quoi parlez-vous ?

Il secoua la tête et haussa les épaules. Jenifer était un peu perdue, et Travis avait l'air aussi confus qu'elle.

– L'un de vous deux est un menteur, avança Jenifer. Alors, qui est le propriétaire de Rocky ?

– C’est moi, répondirent les deux adultes en chœur.

– Je n’y comprends rien ! soupira Jenifer. Ah, Rose, enfin ! ajouta-t-elle en voyant entrer l’adjointe du shérif.

– Monsieur Naylor, je suis adjointe au bureau du shérif de la ville, indiqua Rose d’un ton officiel. Selon Jenifer, cette dame a dérobé votre bouledogue. Souhaitez-vous porter plainte ?

Le gros homme pencha la tête sur le côté en signe d’hésitation avant de sourire.

– Je crois que oui, déclara-t-il après quelques instants.

– Bob, cette fois, tu vas trop loin ! s’indigna la femme en tapant du pied. Ce chien est à moi, poursuivit-elle à l’intention de Rose. Plus précisément, à mon patron. Mon nom est Maggie Grillo, et je travaille pour les Bulldogs de Denver. Rocky est notre mascotte.

– Elle ment ! protesta Jenifer. C’est M. Naylor qui travaille pour les Bulldogs, il me l’a dit !

– Ton M. Naylor te l'a peut-être dit, mais c'est faux, rétorqua la femme, exaspérée. Vérifiez ses papiers, vous verrez qu'il s'appelle en réalité Bob Burford.

– Ça ne prouve rien, balbutia le gros homme.

La femme se mit à fouiller dans son sac à main.

– Je dois avoir ma carte de membre du club. Si vous ne me croyez pas au sujet du chien, appelez mon patron. Il pourra vous faxer les certificats d'identité de Rocky.

Jenifer commençait à douter. Cette femme était franchement convaincante. Quant à M. Naylor, il restait là sans rien dire, comme s'il essayait de trouver un nouveau mensonge.

– Montrez-moi tous les deux vos papiers, ordonna Rose.

– Enfin…, commença M. Naylor.

– Ne discutez pas, trancha Rose.

Le gros homme recula d'un pas et leva les mains en l'air.

– D'accord, d'accord, je déclare forfait.

Rocky appartient au patron de Maggie. Ou plutôt, devrais-je dire, aux six fans des Bulldogs.

– Hé, ce n'est pas gentil ! s'écria Maggie. Nous comptons huit fans depuis que nous avons engagé un responsable de communication.

– Ne t'imagine pas que cela nous empêchera de battre les Bulldogs dans les matches de qualification, affirma le gros homme en pointant son doigt vers Maggie.

– Alors, là, tu rêves ! répliqua celle-ci.

L'homme se dirigeait vers la sortie lorsque l'adjointe du shérif lui empoigna le bras :

– Pas si vite !

Elle s'adressa ensuite à Maggie :

– Voulez-vous porter plainte, madame ?

Maggie et Bob pouffèrent de rire.

– Non, répondit Maggie. Bob me rendra la pareille la prochaine fois que j'emprunterai Pete.

– Qui est Pete ? demanda Jenifer.

– Un vulgaire chien de prairie, précisa

Maggie d'un air blasé.

– Ah, mais il ne s'agit pas de n'importe quel chien de prairie ! s'emballa Bob. C'est le plus beau chien de l'univers ! Et il se trouve être aussi la mascotte de l'équipe des Springs Dogs du Colorado, la meilleure équipe junior de tout l'ouest du pays !

– Bon, tu peux y aller, Bob, fit Maggie.

– Je ne vous retiens pas, renchérit Rose.

Bob se retira sans demander son reste.

11

Finalement, Rocky s'en sortit sans complications. Anya recousit sa plaie et proposa de le garder pour la nuit. Maggie préféra toutefois l'emmener avec elle. Elle expliqua qu'il y avait six autres équipes dans leur ligue de base-ball, donc six autres personnes comme Bob qui cherchaient à voler les mascottes des autres clubs pour saper leur moral. Anya la laissa partir avec le chien, non sans lui avoir confié une longue liste d'instructions pour bien s'occuper de lui.

Anya et Jenifer retournèrent ensuite au rodéo, où elles arrivèrent à temps pour voir la fin de la parade de clôture. Elles trouvèrent Jared et Samantha dans une allée, acclamant le cortège de clowns et de cow-boys. Les deux amis semblaient épuisés, mais joyeux.

– Alors, ce rodéo ? lança Jenifer à Jared.

– J'adore ! Vivement l'été prochain !

– On dirait bien que tu es devenu accro ! plaisanta Jenifer.

– Tiens, voilà ta sœur qui défile ! s'écria Samantha.

Jenifer aperçut effectivement Cora, en selle sur Cannelle. Toutes deux exhibaient fièrement leur titre de championnes. La jument paraissait comprendre qu'elle était au centre des regards. Elle se pavanait en caracolant et en agitant la tête. « Une vraie frimeuse ! » se dit Jenifer en souriant.

La parade était très réussie. Seul regret : les pompiers n'étaient pas de la partie. À cause du temps chaud et sec, la moindre étincelle pouvait déclencher un incendie dans les bois proches du champ de foire, et le chef de la caserne de Gateway ne voulait prendre aucun risque.

Du côté de Calamity Jane, les nouvelles étaient bonnes : selon Anya, la jument était désormais tirée d'affaire et ne garderait que des séquelles minimes. Tara était aux anges, ce qui ne l'avait pas empêchée de passer un savon à son petit frère.

En rentrant chez elle à vélo, Jenifer croisa sa mère, sur le départ, au volant de son pick-up. Elle s'arrêta à sa hauteur.

– Où vas-tu, maman ?

– Je vais porter à manger à notre amie Juliette ! Tu veux venir avec moi ?

– Et comment ! s'exclama Jenifer. Je suis prête dans une minute !

Elle entra en trombe dans la maison et ressortit quelques instants plus tard avec des vêtements propres et des chaussures de marche. Après deux jours passés au rodéo, la perspective d'aller s'aérer dans les bois l'enchantait. Et, comme il n'était pas très tard, elle allait en profiter pleinement. Le soleil ne se coucherait pas avant neuf heures.

Elle sauta dans le pick-up. Norma démarra, toutes vitres ouvertes, car il faisait encore une chaleur accablante. L'air était très lourd, et Jenifer rêvait d'une énorme glace à l'eau, bien rafraîchissante. De gros cumulus obscurcissaient l'horizon. Lorsque Norma quitta la route et s'engagea sur le chemin forestier, un éclair fendit le ciel.

– Hou là ! lâcha Jenifer en sursautant. On dirait qu'il va pleuvoir.

– Ce serait bien, soupira Norma. Il n'a pas plu une goutte depuis deux mois. Mais je crois que nous aurons l'orage sans la pluie.

Norma se gara et but un demi-litre d'eau fraîche dans le thermos qu'elle gardait à l'arrière de la voiture. Jenifer, assoiffée, en fit autant.

– Que c'est lourd ! gémit Norma en soulevant le sac de viande destiné aux loups.

– Laisse-moi porter l'eau, suggéra Jenifer.

– C’est gentil, ma chérie, répondit Norma en transférant deux bouteilles de son sac dans celui de sa fille. Et maintenant, en avant !

Le sentier conduisant à l’enclos était à peine visible, mais Jenifer commençait à le connaître. Elle laissa néanmoins sa mère ouvrir le chemin et lui emboîta le pas.

– Dis, maman, tu trouves que les rodéos sont cruels ? demanda-t-elle.

– Non, je ne dirais pas ça, répondit Norma au bout d’un moment. En général, les animaux y sont bien traités. Heureusement, vu le prix qu’ils coûtent... Certains taureaux valent plus que notre maison !

Jenifer continua à marcher en silence. La lumière qui filtrait à travers les nuages sombres avait une étrange teinte dorée et projetait de longues ombres sur le sol.

– Pourquoi ne m’as-tu jamais emmenée voir une compétition de monte de taureaux ? reprit-elle.

– Eh bien, je n’en suis pas très fan. C’est un peu brutal, à mon goût. Je préfère les épreuves où l'homme et l'animal font équipe ; la course de barils, par exemple.

– Marisa et sa mère boycottent les rodéos.

– Ça ne m'étonne pas. Mais, tu vois, je n'aimerais pas que les rodéos disparaissent. Ils font partie intégrante de la culture américaine. Un peu comme le base-ball. Ou la boxe. Ou le hockey sur glace.

– Moi, je n'apprécie aucune de ces choses. Enfin, à part le base-ball.

– Rien ne t'y oblige, tu sais.

Jenifer se perdit dans ses pensées, essayant de comprendre pourquoi les gens aimaient tant le danger, pourquoi l'idée de voir quelqu'un se blesser pouvait les attirer, quand soudain un grand fracas retentit dans la forêt.

12

Le bruit assourdissant fit bondir Jenifer et trébucher sa mère. La fillette, prise de panique, courut vers Norma et l'agrippa par la taille. Le son emplissait tout l'espace. Au bout de quelques secondes, il diminua peu à peu. L'air semblait électrique.

– Qu'est-ce que c'était ? chuchota Jenifer.

En réalité, elle devinait ce qui s'était passé : la foudre était tombée à proximité.

– Ça va ? demanda Norma en lui caressant les cheveux.

Jenifer hocha la tête.

– La foudre a frappé ce pin, constata Norma en désignant un arbre situé à une centaine de mètres du sentier.

Elles marchèrent dans cette direction. Jenifer s'attendait à découvrir un arbre calciné, comme tous ceux qu'elle avait déjà vus dans les bois au fil des ans. Mais ce pin-là brûlait. Ou, plus précisément, il fumait. C'était comme si une bombe avait explosé à l'intérieur du tronc. Ce dernier était traversé d'une grande fissure qui laissait entrevoir le cœur de l'arbre. En s'approchant, Jenifer remarqua que plusieurs grosses branches s'étaient cassées net. Des morceaux d'écorce incandescents avaient jailli dans toutes les directions.

– Doit-on éteindre le feu ?

– Non, répondit Norma. Nous n'avons aucun outil pour cela. Et, de toute façon, c'est un incendie naturel. La politique du parc en la matière est de ne pas intervenir.

Les aiguilles de pin fumaient, puis prenaient feu tout à coup, accélérant la propagation de l'incendie. Jenifer avait les yeux rivés sur les flammes et tentait tant bien que mal de garder son sang-froid.

– Maman ? gémit-elle avec inquiétude.

– Tout va bien, ma chérie, ne t'inquiète pas. J'ai déjà été confrontée à ce genre de situation, ajouta Norma en bombant fièrement le torse.

Jenifer s'efforça de sourire. Elle savait que sa mère avait suivi une formation de pompier parachutiste à l'université. Ces soldats du feu étaient largués d'avions pour lutter contre les incendies de forêts.

– L'endroit le plus sûr se trouve derrière le départ du feu, expliqua Norma. En général, les flammes s'étendent vers les hauteurs. Il vaut donc mieux que nous restions en aval du pin foudroyé.

– On ne peut pas simplement s'en aller ?

– Pas tout de suite. Il faut d'abord que j'avertisse la brigade incendie. En attendant, reste près de moi et regarde bien le feu, au cas où le vent orienterait les flammes ailleurs que vers la pente.

– Tu veux dire que l'incendie pourrait venir vers nous ?

– C’est possible. Surtout avec des vents aussi changeants.

– Et on fait quoi, dans ce cas ?

– On quitte la zone et on se réfugie de nouveau derrière le foyer.

– Bon, murmura Jenifer d’une voix incertaine.

Elle focalisa son attention sur le feu. La fumée commençait à envelopper les arbres de son brouillard. On aurait dit un fantôme gris flottant au-dessus du sol.

Norma saisit son téléphone portable et composa un numéro.

– Reggie ? Bonjour, c’est Norma Sullivan, de Goldenrock. Voilà, je voulais signaler qu’un pin a été frappé par la foudre à environ deux kilomètres au nord-est de la voie d’accès à la route 2A.

Jenifer observait la progression de l’incendie, malgré la fumée environnante, qui commençait à lui piquer les yeux et à la faire pleurer.

– Tout est très sec ici, poursuivit Norma au téléphone. Le feu se propage rapidement.

Pour le moment, le vent est calme, mais il pourrait forcir. D'autant que nous sommes juste au-dessous d'une cellule orageuse.

Jenifer, très nerveuse, n'avait qu'une envie : que sa mère raccroche et l'emmène loin d'ici. En même temps, elle s'aperçut que le spectacle du feu la fascinait. Dès qu'une rafale de vent soufflait, les flammes gagnaient un peu de terrain. La fillette constata que l'incendie se développait en forme de V. Le pin foudroyé était à la pointe, et le brasier s'élargissait à mesure qu'il montait le long de la colline, dans la direction qu'avait indiquée Norma.

Les branches inférieures de l'arbre frappé par la foudre avaient maintenant pris feu. Quelques instants plus tard, le pin s'embrasa jusqu'à la cime, produisant un énorme souffle sonore. On aurait dit une torche géante.

– C'est impressionnant ! lâcha Norma.

Elle fit un sourire qui se voulait rassurant avant de retourner à sa conversation téléphonique.

– Il faut lancer immédiatement un bulletin d'alerte pour les randonneurs, reprit-elle, et mobiliser une équipe de surveillance.

« Whouf ! »

Un nouvel arbre venait de prendre feu, un peu plus haut sur la colline.

Jenifer réalisa que la température, déjà élevée, avait considérablement augmenté.

– Non, le parc ne possède pas d'infrastructure particulière dans cette zone. Cependant, il y a des animaux auxquels nous tenons beaucoup, qui sont enfermés dans un enclos à proximité.

Jenifer se retourna aussitôt vers sa mère. Elle avait complètement oublié Juliette et ses petits ! Que se passerait-il si le feu gagnait l'enclos ? « Il faut faire quelque chose ! » songea-t-elle, alarmée.

– Hé, Reggie, ceci doit rester secret. Il y a là-bas une louve et ses huit louveteaux, mais rien n'a été rendu officiel. Nous avons débroussaillé le terrain autour de l'enclos, mais je serais plus tranquille si on pouvait envoyer quelques pompiers parachutistes sur place pour aménager une ligne de feu.

Jenifer se réjouit de cette proposition. Elle savait en quoi consistait une ligne de feu. C'était une bande de terrain débarrassée de toute végétation, qui empêchait un incendie de se propager, faute de combustible.

– Les parachutistes y seront-ils à temps ? demanda Norma. Il ne reste qu'une heure et quart avant le coucher du soleil. Bien sûr. D'accord.

Elle raccrocha.

– Il va contacter la caserne des pompiers parachutistes, expliqua-t-elle à sa fille.

– On peut s'en aller maintenant ?

– Bientôt. La brigade souhaite que nous restions dans les parages pour surveiller le feu.

– Tu n'as pas peur, maman ?

– Bah, j'ai connu pire, tu sais.

– Quoi, par exemple ?

– Je me souviens d'un incendie sur un terrain couvert d'armoise, dans le Colorado.

Cette plante aromatique brûle en dégageant une chaleur infernale.

– On ne va pas mourir, alors ?

– Mais non, fit Norma en serrant sa fille contre elle. En revanche, on risque d'être en retard pour le dîner.

Jenifer poussa un soupir de soulagement :

– Et on va devoir attendre longtemps ?

– S'ils décident d'envoyer les pompiers parachutistes, il leur reste une heure pour le faire. Après il fera trop sombre. S'ils font appel à la brigade de terre, ça peut prendre deux ou trois heures…

– De toute façon, je suis prête à rester là toute la nuit si ça peut aider à sauver Juliette. J'ai tellement peur que le feu atteigne l'enclos avant l'intervention des pompiers ! avoua Jenifer.

– Ça n'arrivera pas, promit sa mère, dont la voix trahissait toutefois l'inquiétude.

Norma s'assit sur un rocher plat, but de l'eau, passa ensuite la bouteille à Jenifer, puis farfouilla dans son sac à dos. Elle en sortit deux bandanas, qu'elle aspergea d'eau.

– Mets ça pour te couvrir le nez et la bouche, conseilla-t-elle en en tendant un à sa fille. Il vaut mieux éviter de respirer trop de fumée.

Avec leur bandana sur leur visage, on aurait dit deux bandits de grand chemin. Ensuite, Jenifer et sa mère ne parlèrent plus guère, restant assises à fixer les flammes qui dansaient.

Lorsque le feu aux alentours eut perdu de son ampleur, Jenifer s'approcha de la zone brûlée. Sous le lit d'aiguilles de pin calcinées, le sol était chaud et noirci. Mais les arbres étaient toujours debout. La fillette se demanda s'ils étaient morts ou si leurs branches pourraient à nouveau se développer.

Au bout d'une demi-heure, Norma rappela la brigade incendie. Elle leur annonça que le feu s'étendait assez vite et qu'il couvrait désormais près de deux hectares. Or, le jour commençait à décroître…

– Reggie m'a dit que les parachutistes étaient en route. Mais on ne sait pas encore s'il y aura assez de lumière pour qu'ils puissent sauter. Ça va se jouer à quelques minutes.

Jenifer remarqua alors combien la forêt était calme. En temps normal, l'endroit résonnait de mille bruits à la tombée de la nuit. Des nuées d'hirondelles et de chauves-souris volaient, attirées par les insectes. Les écureuils, les marmottes et les petits rongeurs se disputaient la nourriture. Les cerfs aussi passaient à table. Les grenouilles coassaient. Or, là, on n'entendait rien d'autre que le crépitement des flammes.

– Maman, qu'est-ce qui va arriver aux animaux ? demanda Jenifer.

– Ne t'en fais pas. Les animaux sauvages savent se protéger en cas d'incendie. Les oiseaux s'envolent, les lapins et les taupes se réfugient sous terre, les poissons et les batraciens restent à l'abri, dans l'eau.

Une autre demi-heure s'écoula. Soudain, Norma se leva.

– Oh, Jenifer, regarde ! s'écria-t-elle.

– Je ne vois rien, fit Jenifer, qui scrutait la forêt.

– Là, lui indiqua Norma en pointant son doigt vers le ciel.

La fillette distingua une forme jaune qui descendait vers le sol.

– C'est un pompier parachutiste ?

– Absolument !

Soudain, un parachute rectangulaire s'ouvrit. Le pompier fut happé vers le haut, puis se mit à flotter dans les airs.

– Il est perdu, commenta Jenifer. Il se dirige vers le haut de la montagne.

– C'est parce qu'il va vers l'enclos, lui rappela Norma.

– Ah oui, c'est vrai !

Jenifer avait imaginé que les parachutistes allaient atterrir juste à côté d'elle. Elle en vit un autre, puis encore un autre. Au total, elle en compta six. Elle les suivit des yeux jusqu'à ce qu'ils disparaissent derrière les arbres.

– Est-ce qu'on va marcher pour les rejoindre ?

– Non, répondit Norma. Il est hors de question qu'on approche du front de l'incendie. Et puis, de toute façon, vu l'heure qu'il est, tu devrais déjà être couchée !

– Et le dîner de Juliette ?

– Ça peut attendre. On reviendra plutôt demain ou après-demain, quand le feu se sera éteint. Allez, on rentre à la maison.

– D'accord.

Mais toutes deux ne purent s'empêcher de contempler le spectacle des flammes pendant quelques minutes encore.

FIN

LES RODÉOS

Les personnages de ce livre ont des points de vue différents sur les rodéos.

Samantha les adore, Marisa les juge cruels, et Jenifer veut en savoir davantage avant de se faire une opinion. Mais, même après avoir passé un week-end au rodéo, elle ne parvient pas à avoir un avis tranché.

Et toi, qu'en penses-tu ? Pour t'aider à y voir plus clair, voici quelques informations sur l'histoire des rodéos et sur la façon dont on y traite les animaux aujourd'hui.

Concours d'adresse

Il y a près de cent trente ans, les cow-boys parcouraient des centaines de kilomètres pour conduire le bétail à travers les grandes plaines. Ces transhumances duraient de longues semaines, pendant lesquelles ils vivaient avec un confort réduit : ils dormaient dehors, préparaient la nourriture sur des feux de bois, ne pouvaient pas se laver tous les jours. Leurs contacts se limitaient à leurs quelques compagnons de route, et ils avaient peu de distractions.

Aussi, quand ils arrivaient enfin au bout de leur épuisant périple, ils souhaitaient avant tout s'amuser. Ils organisaient des fêtes avec des concours d'adresse, qui leur permettaient de montrer leurs talents pour maîtriser les bêtes. Peu à peu, ces compétitions se développèrent et donnèrent naissance aux rodéos.

Le premier rodéo

Nombreuses sont les villes de l'Ouest américain qui prétendent avoir accueilli le premier rodéo de l'histoire, par exemple Cheyenne, dans le Wyoming, ou Winfield, au Kansas. C'est en tout cas à Denver, dans le Colorado, en 1887, que pour la première fois les spectateurs durent payer pour assister à un rodéo.

Depuis, les rodéos à entrée payante se sont généralisés. Aujourd'hui, ils attirent près de vingt-deux millions de fans par an ! Quarante-six États américains, de même que quatre provinces canadiennes, organisent des rodéos annuels. Sans compter les rodéos juniors que préparent environ cinq cents écoles et clubs pour les plus jeunes participants.

Éperons, sangles et règles

Les animaux sont-ils maltraités lors de ces événements, pourtant populaires ? Les réponses divergent. Les détracteurs des rodéos pointent du doigt trois épreuves qui leur paraissent cruelles : la capture de veaux au lasso, la maîtrise de bœufs et la monte de taureaux.

Capture de veaux au lasso

L'épreuve : On lâche un veau dans l'arène. Un cow-boy à cheval le poursuit pour l'attraper au lasso en lui enserrant le cou. Après quoi, le cheval dérape et s'immobilise, ce qui oblige le veau à cesser de courir. Le cow-boy saute de cheval et jette le veau à terre. Pour marquer des points, il doit attacher ensemble trois pattes du veau en moins de trente secondes à compter de l'entrée de l'animal dans l'arène.

Ce qui semble cruel : La secousse brutale au moment où le veau est arrêté dans sa course.

Comment les animaux sont protégés : Les règles imposent que soit fixé à la selle du cheval un système spécial qui donne un peu de mou au lasso lors de la capture. Cela permet de ne pas tirer trop violemment sur le cou du veau. Le cow-boy est d'ailleurs disqualifié si l'animal décolle du sol. Par ailleurs, le lasso est utilisé quotidiennement dans les ranches, et il n'est pas destiné à blesser les animaux.

Maîtrise de bœufs

L'épreuve : Un bœuf est lâché dans l'arène. Deux cavaliers le poursuivent : le premier oblige le bœuf à courir en ligne droite, pendant que le second attrape l'animal par les cornes et saute de son cheval. Il doit alors déstabiliser le bœuf et l'obliger à tomber par terre. Pour y parvenir, il dispose de trente secondes à partir du moment où le bœuf apparaît dans l'arène.

Ce qui semble cruel : Risques de froissement des muscles et des tendons au niveau du cou des bœufs (et aussi des cow-boys !).

Comment les animaux sont protégés : Grâce à leur propre force. Les bœufs pèsent environ cinq cents kilos. Difficile d'imaginer qu'un cow-boy puisse blesser à mains nues une bête aussi énorme.

Monte de taureaux

L'épreuve : Un cow-boy monte un taureau à cru. Il peut gagner jusqu'à vingt-cinq points s'il tient huit secondes sur le dos de l'animal. Et il marque jusqu'à vingt-cinq points supplémentaires si le taureau rue et s'agite violemment.

Ce qui semble cruel : Pour que les taureaux lancent des ruades, les concurrents leur donnent des coups d'éperon, une petite roue dentée accrochée au talon de leurs bottes. De plus, on fait porter aux animaux, pour les énerver, une sangle ventrale qui leur serre l'abdomen.

Comment les animaux sont protégés : Selon les règlements du rodéo, les éperons ne doivent pas être trop serrés pour pouvoir tourner. Les sangles ventrales ne peuvent contenir aucun objet tranchant ou pointu. Enfin, les taureaux sont protégés par leur peau, qui est sept fois plus épaisse que celle de l'être humain ! Les organisateurs de rodéos affirment donc que les taureaux sont moins sensibles à la douleur.

Efficacité des règles

Les statistiques montrent que très peu d'animaux sont blessés pendant les rodéos. Une étude récente, menée sur 34 000 animaux lors de 28 rodéos professionnels, a relevé des blessures chez moins d'un taureau sur 2 000.

Néanmoins, il faut reconnaître que dans certaines épreuves on irrite les animaux, on les malmène et on leur fait peur. D'autres disciplines, comme la course de barils, sont en revanche moins critiquées. Pour obtenir de bons résultats dans ces parcours chronométrés, les candidats doivent pouvoir compter sur des animaux au meilleur de leur forme.

Il est peu plausible que les professionnels du rodéo fassent volontairement courir des risques à leurs animaux (en particulier aux taureaux et aux chevaux). Certains taureaux sont en effet aussi connus que les personnes qui les montent. D'ailleurs, chaque année, l'Association professionnelle des cow-boys de rodéo élit le meilleur taureau de l'année. Bodacious, un taureau qui a remporté ce prix deux fois de suite, est devenu si célèbre qu'il a son propre fan-club. Il a également fait de la publicité, notamment pour les camions de la marque Dodge. Il est aujourd'hui à la retraite et mène la belle vie dans un ranch, au Texas.

Les veaux, qui finissent à l'abattoir, ne sont sans doute pas aussi bien traités. De plus, on prend moins soin des animaux dans les rodéos locaux que dans les grands rodéos nationaux. Certains réclament donc des règles plus strictes. Selon eux, il serait préférable de se soucier des animaux avant qu'ils ne soient blessés, plutôt que de punir les cow-boys une fois que le mal est fait.